Musée du Naturaliste,

DÉDIÉ A LA JEUNESSE.

HISTOIRE NATURELLE DES QUADRUPÈDES,

DONNANT LA DESCRIPTION DE LEUR NATURE, DE LEURS MŒURS ET HABITUDES,

Ouvrage orné de 84 Figures

DESSINÉES D'APRÈS NATURE ET GRAVÉES

Par Pauquet.

PARIS.

DEBURE, rue du Battoir, 19;

NEPVEU, Passage des Panoramas, 26;

PAUQUET, Éditeurs, rue Neuve-Saint-Étienne, 9.

1832.

IMPRIMERIE DE Mme Ve DELAGUETTE, RUE SAINT-MERRY, 22.

COLLECTION

DES

QUADRUPÈDES.

Chat.

Chien.

Cheval.

Chien barbet.

Âne.

MUSÉE

Du Naturaliste.

LE CHEVAL,

Autant par sa beauté que par sa force, le Cheval mérite le premier rang parmi les animaux que nous avons su accoutumer à vivre avec nous.

Ce noble et fier animal, qui partage avec l'homme les fatigues de la guerre et la gloire des combats, aussi intrépide que son maître, voit le péril et l'affronte ; il se fait au bruit des armes, et s'anime de la même ardeur que les guerriers ; il partage aussi ses plaisirs : à la chasse, à la course, il brille, il étincelle ; mais, docile autant que courageux, il ne se laisse point emporter à son feu ; non seulement il fléchit sous la main de celui qui le guide, mais il semble consulter ses désirs.

Dans l'état de liberté, les Chevaux ne sont point féroces, ils sont seulement fiers et sauvages. Ils vont par troupes, et se réunissent pour le plaisir d'être ensemble : comme l'herbe et les végétaux suffisent à leur nourriture, et qu'ils n'ont aucun goût pour la chair des animaux, ils ne leur font point la guerre, et ne se la font point entre eux, parce que leurs appétits sont simples et modérés et qu'ils ont assez pour ne se rien envier.

Le Cheval est, de tous les animaux, celui qui, avec une grande taille, a le plus de proportion et d'élégance. Ses yeux sont vifs et bien ouverts, ses oreilles sont bien faites, sa crinière accompagne bien sa tête, orne son cou et lui donne un air de fierté et de force : sa queue traînante et touffue termine avantageusement l'extrémité de son corps ; il ne peut la relever comme le Lion, mais elle lui sied mieux quoiqu'abaissée, et comme il peut la mouvoir de côté, il s'en sert pour chasser les mouches qui l'incommodent. Il exprime la joie, la crainte, la colère par des hennissemens : le Cheval dort beaucoup moins que l'homme ; il ne demeure guère que deux ou trois heures couché, il y en a même qui dorment toujours debout. Il peut vivre vingt-cinq à trente ans. Il a trois allures, le pas, le trot et le galop. La Jument, femelle du Cheval, porte onze mois ; son petit se nomme Poulain. On se sert de la peau du cheval pour les cuirs.

Les Chevaux arabes, les plus beaux que l'on connaisse en Europe, sont si légers à la course, que quelques-uns devancent les Autruches.

Il n'y a point d'Arabe, tel misérable qu'il soit, qui n'ait des Chevaux : ils montent ordinairement des Jumens et ils y sont très-attachés ; elles sont si bien dressées que dans la course la plus rapide, si leur cavalier vient à tomber, elles s'arrêtent tout court.

Dans la Norwège, les Chevaux sont petits, mais bien proportionnés ; ils se défendent contre les Ours, et lorsqu'un étalon aperçoit cet animal vorace et qu'il se trouve avec des Jumens et des Poulains, il les fait rester derrière lui, va ensuite attaquer l'ennemi, qu'il frappe avec ses pieds de devant, dont il se sert si adroitement qu'il sort presque toujours victorieux du combat.

Le Cheval emploie rarement sa force contre son maître ; on trouve cependant, dans un ouvrage du docteur Rolle, un exemple d'un Cheval qui s'est rappelé une offense, et qui a cherché à s'en venger.

Un Baronnet avait un Cheval de course, qu'il n'avait jamais pu fatiguer : un jour il voulut essayer s'il parviendrait à le lasser ; après une longue chasse, il se fit servir à dîner, remonta ensuite à cheval, et le fit tellement galoper qu'il le ramena à l'écurie épuisé de fatigue. Le palefrenier, plus sensible que son maître, versa des larmes en voyant un si bel animal ainsi abattu. Quelque temps après, le Baronnet étant entré dans l'écurie, le Cheval, en le voyant, se jeta avec fureur sur lui, et, sans le valet, il eût mis à jamais ce maître inhumain hors d'état de maltraiter les animaux.

Les frères Franconi nous ont démontré, mieux que personne, toute la docilité et toute l'intelligence du Cheval. On a vu dans leur cirque, à Paris, des Chevaux en franchir plusieurs autres rangés de flanc, traverser un tonneau suspendu à une certaine hauteur et fermé des deux côtés par du papier : on les voit aller chercher tout ce que leur maître leur commande d'apporter, et, sur son ordre, se mettre à genoux. Ils dansent en cadence et jouent des rôles dans certains mélodrames. On n'oubliera jamais le Cheval gastronome, placé à table avec son maître et la serviette au cou, mangeant à la fourchette et buvant du vin dans un verre comme un convive.

De tous les animaux, le Cheval est celui qui rend le plus de service à l'homme ; aussi rien n'est plus affligeant que de voir ce noble coursier, dont l'homme est si fier tant qu'il lui est utile, dédaigné, abandonné, à mesure qu'il avance en âge : tel qui, dans ses beaux jours, faisait rouler le carrosse d'un Prince, finit souvent sa carrière attelé à une misérable charrette, succombant sous les coups de son brutal conducteur.

L'ANE.

Cet animal ressemble tellement au Cheval par sa conformation, qu'on serait tenté de les croire de la même espèce ; mais il y a certainement entre eux une ligne de démarcation. L'Ane a la taille petite, la tête grosse, les oreilles longues, la peau dure, la queue nue, la jambe sèche et nette. Il est de son naturel aussi humble, aussi patient, aussi tranquille que le Cheval est fier, ardent, impétueux : il souffre avec constance les châtimens et les coups ; il est sobre et se contente des herbes les plus dures et les plus désagréables : seulement il est délicat sur l'eau, il ne veut boire que de la plus claire ; d'ailleurs, il boit aussi sobrement qu'il mange : il se roule souvent sur le gazon, mais ne se vautre pas, comme le cheval, dans la fange et dans l'eau ; il craint de se mouiller les pieds. Il est susceptible d'éducation, malgré sa mauvaise réputation en fait de science : on en a vu d'assez instruits pour donner un spectacle amusant.

L'Ane s'attache à son maître, quoiqu'il en soit ordinairement maltraité ; il reconnaît les lieux qu'il a coutume d'habiter, il a les yeux bons, l'ouïe très-fine et l'odorat admirable. Il brait par un cri désagréable.

La durée de son existence est de vingt-cinq à trente ans. Sa peau sert à faire des cribles, des tambours et des souliers. L'Ane est peut-être, de tous les animaux, celui qui, relativement à son volume, peut porter les plus grands fardeaux. Dans l'état sauvage, ce quadrupède, tel qu'on le voit dans les déserts montueux de la Tartarie, les parties méridionales de l'Inde et de la Perse, et dans quelques contrées de l'Afrique, surpasse en beauté et en vivacité tous les animaux de la même espèce amenés à l'état de domesticité. Il court si vite qu'il n'y a que les Chevaux barbes qui puissent l'atteindre à la course. C'est en Egypte, au rapport de M. Denon, que ces animaux paraissent jouir de toute la plénitude de leur existence ; ils sont robustes, vigoureux, très-doux, et ont la marche sûre ; leur pas naturel est une espèce d'amble ou de petit galop ; et l'Ane enfin, sans fatiguer son cavalier, peut lui faire traverser très-promptement des plaines immenses.

LE CHIEN.

Le Chien, pour l'intelligence et la sagacité, l'attachement et la reconnaissance, en un mot, pour tout ce qui, dans les effets de l'instinct, imite l'esprit, et dans le sentiment ressemble à des vertus, le Chien, entre tous les animaux, est le chef-d'œuvre de la nature. C'est un ami que l'Homme a trouvé, et pour lui souvent plus fidèle que ceux qu'il cherche et croit rencontrer parmi ses semblables. Le Chien a, par excellence, toutes les qualités intérieures ; tout cède en lui au désir de s'attacher et de plaire. On peut dire que c'est le seul animal dont la fidélité soit à l'épreuve. Lorsqu'il a perdu son maître, il l'appelle par ses gémissemens : pendant la nuit il garde la maison et devient fier, souvent féroce ; il veille, fait sa ronde, sent de loin les étrangers, avertit et déchire ceux qui voudraient franchir les barrières. Enfin, il serait inutile de s'étendre sur les qualités particulières de ces animaux si connus, dont les variétés sont en si grand nombre. Je me contenterai d'offrir à mes lecteurs quelques anecdotes sur la sagacité, l'attachement et la fidélité de ces quadrupèdes. J'ai représenté, planche première, Médor, de l'espèce des Barbets. Ce Chien qui, à l'attaque du Louvre, accompagnait son maître qui y fut tué, ne voulut pas le quitter après sa mort. Les gardes nationaux lui firent construire une cabanne près de la tombe de celui qui cause ses regrets. Sur le bord de la Seine des enfans jouaient, un d'eux se laisse tomber dans l'eau; il eût péri infailliblement sans son Chien qui, ayant vu son danger, se précipita dans les flots et ramena son jeune maître sain et sauf. Ce pauvre animal, apercevant la casquette que l'enfant avait perdue dans sa chute et qui flottait au loin, se jeta de nouveau à la nage; mais, épuisé de fatigue, il périt en voulant regagner le bord.

BARRY.

Un Chien, nommé Barry, a servi, pendant douze ans, à l'hospice du Mont Saint-Bernard, et il a sauvé la vie à plus de quarante personnes dans les chemins périlleux de ces glaciers éternels. Son zèle était aussi admirable que l'instinct qu'il déployait en allant à la recherche des voyageurs égarés : tout le long du jour il courait en aboyant, et revenait surtout aux endroits les plus dangereux. Lorsque ses forces ne suffisaient pas pour tirer de dessous les neiges un Homme tombé dans les ravins, ou engourdi par le froid sur la route, il retournait à l'hospice et ramenait avec lui des religieux. Un jour, cet animal intéressant trouva un enfant à moitié gelé; aussitôt il se mit à le lécher, jusqu'à ce qu'il fût parvenu à le ranimer ; et, à force de caresses, il engagea l'enfant à s'attacher à son corps. C'est ainsi qu'il porta, comme en triomphe, le pauvre petit à l'hospice. Enfin, tout Paris a admiré le Chien Munito qui a donné mille exemples d'un instinct inconcevable.

LE CHAT.

C'est un domestique infidèle, qu'on ne garde que par nécessité, pour l'opposer à un autre ennemi domestique plus incommode. Cet animal a une malice innée, un caractère faux, un penchant décidé pour la rapine. Il n'a que l'apparence de l'attachement, et n'est sensible aux caresses que pour le plaisir qu'elles lui font. Le Chat est joli, léger, adroit et propre; il aime ses aises, il cherche les meubles les plus mollets pour s'y reposer. Quand il est jeune, il est gai, vif; mais son naturel, porté à la malice et ennemi de toute contrainte, le rend incapable d'une éducation suivie. On ne voit jamais de Chats aussi attachés à l'Homme que le Chien; toute leur affection semble se borner à la maison dans laquelle ils ont été élevés. La Chatte a beaucoup d'affection pour ses petits; pour les défendre elle s'expose, sans hésiter, au plus grand danger. Tandis qu'une Chatte s'amusait à voir jouer ses petits, un Faucon fondit sur l'un d'eux, et l'eût enlevé sans l'intrépidité de la mère qui se jeta sur lui et le força à quitter sa proie ; le combat fut long, et malgré les blessures que lui fit le Faucon avec ses griffes aiguës et son bec acéré, elle finit par triompher. Il y a plusieurs espèces de Chats, les plus beaux sont les Chats angoras. Le Chat sauvage est plus gros que le Chat domestique, on le trouve en Europe et en Asie.

LE BŒUF.

Le Bœuf est l'assidu compagnon des travaux du laboureur ; dans le pénible sillon qu'il trace à pas lents, germe le bled qui nous nourrit ; c'est sur lui que roulent tous les travaux de la campagne ; il fait toute la force de l'agriculture. Il ne convient pas autant que le Cheval pour porter des fardeaux, mais il semble avoir été fait pour traîner la charrue.

Le Bœuf a le col très-gros et les épaules très-larges, ses cornes sont courtes et pointues, sa couleur est d'un brun foncé, ses membres sont très-forts ; il n'est presque aucune partie du Bœuf qui ne soit utile à l'homme. Sa peau sert à la fabrication de plusieurs cuirs ; de ses cornes on fait des boîtes, des peignes, etc. Ses os remplacent souvent l'ivoire, avec ses nerfs on fait du fil très-fin pour les selliers ; enfin, on retire toute espèce d'avantage de cet animal. La Vache, femelle du Bœuf, procure aux hommes le lait, nourriture extrêmement bonne, et donne à nos maisons le beurre, le fromage, la crême, etc. Les Indiens ont une très-grande vénération pour ces animaux. Notre Bœuf domestique tire son origine d'une race de Bœufs sauvages, nommés Aurochs, qu'on trouve dans la Moscovie, et qui ne diffère de notre Taureau qu'en ce qu'il est plus grand et plus fort. Les Taureaux sont choisis parmi les plus beaux Bœufs pour multiplier le troupeau ; cet animal est fier et indocile, il faut toujours être en garde contre l'usage qu'il peut faire de sa force.

LA BREBIS.

La Brebis est la femelle du Bélier, et l'un et l'autre sont désignés sous le nom collectif de Moutons ; c'est à elle que nous sommes redevables d'une portion considérable de notre nourriture, et de ce qu'il y a de plus essentiel dans nos habillemens. Cet animal est d'un naturel singulièrement doux, et montre moins de vivacité que la plupart des autres quadrupèdes ; cependant, il n'est point privé de toute espèce de courage et d'instinct. Dans les vastes champs, situés sur des montagnes, où les Brebis errent en liberté, on a souvent vu un Bélier attaquer un Chien, et sortir vainqueur du combat ; lorsque le danger est plus pressant, les Moutons ont

Sanglier.
Mouton.
Bœuf.
Chèvre.
Cochon.

recours à la force collective du troupeau, et forment, par leur réunion, une masse compacte qui présente de tous les côtés un front impénétrable. Les variétés de cet animal sont très-nombreuses. Une des plus remarquables est celle des Moutons à large queue, elle se trouve en Égypte et dans les contrées orientales : ces Moutons ressemblent assez aux nôtres ; leurs peaux servent de lits aux Égyptiens, établis au-delà du grand Caire : elles préservent de la piqûre du Scorpion, qui ne s'expose jamais à marcher sur la laine, de peur de s'y empêtrer. Leur toison est très-légère et très-fine ; on en fait, au Thibet, des schals très-précieux. On croyait autrefois qu'ils étaient faits de poil de chameaux.

LE MOUFLON.

Le Mouflon est un Mouton sauvage, de la grosseur d'un petit Cerf, et pourvu de longues cornes, qui sont quelquefois d'une grandeur si prodigieuse, dans les vieux mâles, qu'elles pèsent quinze livres. Ces animaux abondent dans le Kamtschatka. A la fin de mai leur laine se détache d'elle-même, et les Kamtschasdales leur enlèvent toute la toison à la fois.

LA CHÈVRE.

La Chèvre, femelle du Bouc, a beaucoup de ressemblance avec la Brebis, mais

elle a, de sa nature, plus de sentiment et de ressource. Elle se familiarise aisément, elle est sensible aux caresses et susceptible d'attachement. Elle est aussi
plus forte, plus légère, et moins timide que la Brebis. Elle aime à s'écarter dans les
solitudes, à grimper sur les lieux escarpés, à se placer et à dormir sur la pointe
des rochers et sur le bord des précipices. Beaucoup d'enfans ont été nourris par
des Chèvres : elles ont alors, pour leur nourrisson, autant de tendresse que pour
leurs propres petits ; elles se prêtent avec une complaisance extraordinaire pour le
laisser téter, et accourent même à son moindre cri. La Chèvre fournit un lait
doux, nourrissant et médicinal, préférable à celui de la Vache pour les personnes
malades. Son poil, quoique plus rude que la laine, sert à faire de très-bonnes
étoffes ; sa peau vaut mieux que celle du Mouton. Il y a, au Jardin des Plantes,
de ces Chèvres venant de l'Inde, dont la laine est employée à fabriquer les beaux
schals de Cachemire,

LE COCHON.

Le Cochon paraît le plus brut de tous les quadrupèdes. Toutes ses habitudes
sont grossières, tous ses goûts sont immondes ; il dévore indistinctement tout ce qui

se présente, et même sa progéniture. Ces animaux sont peu sensibles aux coups ; ils ont le toucher fort obtus, mais leurs autres sens sont bons. Ils voient, entendent et sentent fort bien. Dans quelques contrées de l'Italie on emploie les Cochons à chercher les truffes ; on attache une corde à la jambe de l'animal, puis on le conduit dans les pâturages, et partout où il s'arrête et se met à fouiller avec son boutoir, on est sûr de trouver des truffes. Aucun animal n'a plus de sympathie pour les êtres de son espèce ; du moment qu'un Cochon donne un signal de détresse, tous ceux dont il est entendu volent à son secours. On a vu de ces animaux se réunir autour d'un Chien qui harcelait un de leurs compagnons, et le tuer sur le lieu même. Le Cochon est d'une forme désagréable, il a le cou fort, les yeux petits et placés très-haut dans la tête, le museau long et calleux. Il peut vivre de vingt-cinq à trente ans. La Truie fait jusqu'à vingt petits d'une seule portée. Pour peu qu'on ait habité la campagne, on sait le profit qu'on tire du Cochon ; sa chair, le lard, le sang, etc., se préparent et se mangent. La peau a ses usages, et l'on fait des brosses, des pinceaux avec ses soies. Le Cochon d'Ethiopie diffère du nôtre par deux loupes placées au-dessous des yeux.

BABIROUSSA.

C'est à monsieur le Capitaine d'Urville que le Muséum d'animaux doit les Babiroussas qu'il possède aujourd'hui ; on n'y avait point encore vu vivans ces animaux dont on n'avait ni la peau, ni le squelette. Aussi n'avait-on sur eux que des données incertaines, et surtout de bien mauvaises figures, dans lesquelles on s'était extrêmement éloigné de la vérité en leur donnant de longues jambes, tandis qu'ils les ont courtes. Ils ont tout le port des petits Cochons, les dents canines supérieures percent la peau du museau et se recourbent beaucoup, la couleur de leur corps est d'un brun sale. Dans les Moluques, les Babiroussas sont à l'état sauvage ; étant apprivoisés, ils sont susceptibles d'affection et de reconnaissance. Ces animaux ont une singulière manière de se reposer, ils accrochent une de leurs défenses supérieures à une branche d'arbre et laissent leur corps se balancer librement.

LE SANGLIER.

LE SANGLIER est la race sauvage dans l'espèce du Cochon ; il est d'un gris mélangé tirant sur le noir, son museau est beaucoup plus long que celui du Cochon ordinaire, ses oreilles sont courtes et chacune de ses mâchoires est armée de terribles défenses avec lesquelles il fouille la terre, et dont il se sert pour agir contre ses ennemis. Les Sangliers ne sont pas absolument des animaux solitaires ; les trois premières années les petits suivent leur mère, et, dès qu'ils sont poursuivis, ils se prêtent un secours mutuel ; les plus robustes forment un cercle et font tête au danger, les plus faibles se placent au centre. La chasse de ce quadrupède est dangereuse, il en coûte toujours la vie à plusieurs chiens, les chasseurs eux-mêmes ne sont pas exempts de dangers.

LE CERF.

Le Cerf est le plus beau des habitans des bois : innocent, doux, tranquille, il ne semble être fait que pour embellir et animer la solitude des forêts. Sa forme élégante et légère, sa taille svelte, sa tête parée d'un bois vivant qui se renouvelle tous les ans, sa force, le distinguent assez des autres animaux sauvages. Le Cerf a l'odorat exquis et l'oreille excellente, sa couleur est d'un brun tirant sur le fauve. Il y en a de plusieurs espèces, parmi lesquelles on en voit aussi de blancs. Ce quadrupède vit à peu près cinquante ans. La Biche, sa femelle, produit rarement plus d'un petit à la fois ; elle est obligée de prendre les plus grandes précautions pour le cacher à l'Aigle, au Loup, et même au Cerf qui est l'ennemi de ses petits. La Biche, à cette époque, se montre douée d'un courage extraordinaire ; elle emploie sa force pour les défendre contre ses adversaires les moins formidables, et lorsqu'ils sont poursuivis par des chasseurs, elle a recours à la ruse pour les détourner de l'objet de sa tendresse, et leur fait prendre le change. On a vu des Biches qui se sont fait chasser devant une meute de Chiens pendant des heures entières, et sont ensuite revenues vers leurs Faons, après leur avoir sauvé la vie au péril de la leur. On se sert du bois du Cerf pour faire des manches de couteaux, on en tire aussi des alkalis volatils. Sa peau fait du cuir souple et durable. La chasse du Cerf est un des plaisirs des grands : ce noble animal, après avoir employé mille ruses pour échapper aux Chiens, lorsqu'il est réduit aux abois, de grosses larmes coulent de ses yeux ; mais alors il vend chèrement sa vie, et blesse, à coups d'andouillers, les Chiens et même les Chevaux des chasseurs trop ardens, jusqu'à ce que l'un d'eux l'achève en lui donnant un coup de couteau au défaut de l'épaule. On célèbre en même temps la mort du Cerf par des fanfares, et on fait jouir pleinement les Chiens de leur victoire en leur faisant dévorer ses entrailles. Le duc de Cumberland, voulant mettre à l'épreuve le courage de cet animal, en fit mettre un dans une arène avec un Tigre. Ce dernier, après avoir échoué dans toutes ses tentatives, contre le Cerf qui épiait tous ses mouvemens, se trouvant lui-même dangereusement exposé aux atteintes de ses formidables andouillers, renonça à l'attaquer, et, après avoir franchi, d'un bond prodigieux, le filet qui fermait l'enceinte, s'échappa au milieu des cris des spectateurs effrayés. Cette bête féroce, sans s'occuper de leur

Daim
Cerf
Chevreuil
Lapins
Lièvre

crainte, se précipita dans la forêt, où il sauta sur un Daim qu'il immola à sa férocité.

LE DAIM.

QUOIQUE le Daim ressemble beaucoup au Cerf, il ne faut pas cependant le confondre dans son espèce. Tous deux semblent se fuir, et, loin de se mêler, ils n'habitent que rarement le même pays. Le bois du Daim est plus aplati que celui du Cerf, et se termine par une large empaumure. Ces animaux, qui se trouvent dans tous les climats tempérés des deux mondes, s'apprivoisent très-aisément. Leur espèce est sujette à beaucoup de variétés; il y en a qui sont tachés ou rayés de blanc, d'autres entièrement blancs ou noirs.

LE CHEVREUIL.

AUTANT par sa taille que par ses mœurs, le Chevreuil diffère du Cerf et du Daim; il est plus petit, il a plus de grâce, plus de légèreté, il est aussi plus courageux et plus rusé, il a plus de ressource et d'instinct; car, quoiqu'il laisse après lui des impressions plus fortes et qui donnent aux Chiens la plus grande ardeur, il ne laisse pas de savoir se soustraire à leur poursuite par la rapidité de sa course et ses détours multipliés; et lorsqu'il a confondu, par ses mouvemens opposés, la direction de l'aller avec celle du retour, lorsqu'il a mêlé les émanations présentes avec les émanations passées, il se sépare de la terre par un bond, et se jetant de côté, il se met ventre à terre, et laisse, sans bouger, passer près de lui la troupe entière de ses ennemis ameutés. Comme la Chevrette produit ordinairement deux Faons, l'un mâle et l'autre femelle, ces jeunes animaux, élevés ensemble, prennent une si forte affection l'un pour l'autre, qu'ils ne se quittent jamais. Ces animaux s'apprivoisent mal, leur chair est très-bonne à manger.

LE LIÈVRE.

LE LIÈVRE est le gibier le plus commun de nos campagnes et la proie la plus ordinaire des chasseurs, aussi semble-t-il savoir combien il a d'ennemis : toujours en transes, ce tremblant animal ne fait que fuir, prend, la plupart du temps, sa peur pour le danger; il passe la plus grande partie du jour au gîte, où il dort, mais d'un sommeil léger et tenant les yeux ouverts. En général, le Lièvre ne manque pas d'instinct pour sa propre conservation. On en a vu qui, étant chassés, passaient les étangs à la nage, et allaient se cacher au milieu des joncs ; d'autres enfin se réfugier dans les bergeries, se mêler parmi le bétail dans les champs, se cacher dans des trous de vieilles murailles en ruine. Cet animal a l'ouïe très-fine et l'oreille d'une grandeur démesurée. Ses jambes de devant sont plus courtes que celles de derrière, aussi court-il mieux en montant qu'en descendant. Le Lièvre multiplie beaucoup.

LE LAPIN.

Le Lapin est d'une nature différente du Lièvre et d'une fécondité encore plus grande, il a plus de sagacité et de ressource pour échapper à ses ennemis. Il se creuse un terrier où il habite en sûreté avec sa famille, où il élève ses petits et d'où il ne les fait sortir que lorsqu'ils sont tout-à-fait élevés. Cet instinct, qui porte les Lapins à se creuser un terrier, est propre à l'individu sauvage. Ordinairement les Lapins ne se laissent pas aisément approcher sur le bord du terrier; le premier qui aperçoit, frappe la terre avec les pieds de derrière; alors, averti par le bruit, tout rentre précipitamment. Les Lapins vivent huit à neuf ans, leur chair est bonne à manger. On emploie aujourd'hui leur peau à faire des tiges de bottes. Tous les Lapins sauvages sont gris, tandis que les clapiers varient beaucoup de couleur.

LE LOUP.

Le Loup est beaucoup plus gros et plus musculeux que le Chien; il a la tête longue, le nez effilé, les dents énormes ; ses yeux, de couleur verte, sont étincelans, son aspect annonce une extrême férocité. La couleur de son poil est d'un brun mélangé, il y en a de noirs au Canada et de blancs dans certaines contrées. C'est le grand ennemi des troupeaux et des bergers, c'est l'animal le plus carnassier et le plus commun dans nos climats. Il est naturellement grossier et poltron; mais il devient ingénieux par besoin et hardi par nécessité. Pressé par la famine, il brave le danger, vient attaquer les animaux qui sont sous la garde des hommes, et surtout les agneaux et les chevreaux; lorsque cette maraude ne lui réussit pas, il parcourt la campagne, rôde autour des habitations, vient attaquer les bergeries, gratte et creuse sous les portes, entre furieux, met tout à mort avant de choisir sa proie, et ces excès finissent ordinaire-ment par la rage et la mort. Le Loup étant jeune s'apprivoise, mais il reprend avec l'âge sa férocité. Il hurle, au lieu d'aboyer comme le Chien. Il n'y a rien de bon dans le Loup; sa chair est si mauvaise, qu'elle répugne à tous les animaux. Il n'y a que le Loup qui mange volontiers du Loup. La Louve devient intrépide lorsqu'elle a des petits, elle s'expose à tous les dangers.

Loup
Renard
Blaireau
Glouton
Coati
Agouti

LE CHACAL.

Le Chacal ressemble au Loup, mais il est plus petit et d'une couleur très-brillante. Cette espèce est commune dans le Levant et en Afrique ; quoique carnassier, le Chacal s'apprivoise assez bien. A la cour de Charles IX, les Dames en élevaient comme de petits Chiens.

LE RENARD.

Le Renard a les formes plus déliées que le Loup, il est beaucoup plus petit, sa tête paraît, en proportion, plus forte : cet animal est très-rusé, il fait, par adresse, ce que le Loup fait par force. Il veille à sa conservation, et, quoique très-léger, il ne se fie pas à la vitesse de sa course et sait se mettre à l'abri. Il se creuse un terrier qu'il n'habite que dans le besoin. Le Renard a le nez très-fin, il se loge à portée des hameaux, il écoute le chant des coqs avec plaisir, et s'il peut se glisser dans une basse-cour, il ravage tout et emporte sa proie, qu'il cache sous la mousse ou dans son terrier. Il détruit beaucoup de gibier. Aussi vorace que carnassier, il mange les œufs, le lait, etc. Il aime le raisin et est très-avide de miel, attaque les abeilles sauvages ; lorsqu'il en est piqué, il se roule pour les écraser, et revient si souvent à la charge, qu'il leur fait abandonner le guêpier. Alors il le déterre et mange le miel. Il mange aussi des Poissons, des Ecrevisses.

Lorsque les Renards sont petits, le père et la mère les nourrissent en commun et ne les laissent pas manquer de volailles et de perdrix. Le Renard glapit, aboie et ne crie que lorsqu'il reçoit un coup de feu qui lui casse un membre. Il se laisse tuer sans se plaindre, mais toujours en se défendant. Il ne s'apprivoise jamais entièrement. Cette espèce, sujette à beaucoup de variétés, est très-répandue ; les Renards noirs qui habitent le Nord sont très-recherchés à cause de leur rareté, leur fourrure est très-belle et très-chère.

LE BLAIREAU.

Le Blaireau est un animal lourd, bas de jambes, et dont le corps allongé est couvert d'un poil épais, presque blanc par-dessus et noir par-dessous. Sa face est blanche, et de chaque côté de la tête règne une bande noire. Ses dents, ainsi que ses griffes, sont très-aiguës et d'une force remarquable. Cet animal est paresseux et solitaire, il passe sa vie dans son terrier, et en est souvent expulsé par quelque

Renard voisin. Le Blaireau surprend, la nuit, les reptiles et les petits animaux, déniche les œufs et déterre le miel sauvage. Il s'engraisse par le sommeil et l'inaction. Lorsqu'il est atteint par les Chiens, il se défend en se couchant sur le dos et leur fait de très-profondes blessures. S'il est chassé dans son terrier par les bassets, il se défend en reculant, éboule la terre afin d'arrêter ou d'enterrer les Chiens. On tire de sa peau des fourrures grossières, avec son poil on fait de très-bons pinceaux.

LE GLOUTON.

Le Glouton est une fois plus épais et plus grand que le Blaireau : il a la tête courte, les yeux petits et les dents très-fortes ; sa couleur est noire sur le dos et d'un brun-roux sur les côtés. C'est le plus vorace de tous les animaux de proie ; et comme il n'y a que le Castor qu'il puisse forcer à la course, il attend les autres au passage. Grimpé sur quelque arbre, d'où il s'élance, même sur les Rennes et sur les Élans, il s'y attache si fort avec ses dents et ses griffes, que rien ne peut l'en séparer ; il leur suce le sang, les dévore avec acharnement, jusqu'à ce qu'il les ait mis à mort. Sa peau ne le cède qu'à la Zibeline ou au Renard noir. On trouve le Glouton dans le Nord ; au Canada, on le retrouve sous le nom de Carcajou. L'Isatis, moins fort, mais beaucoup plus léger, lui sert de pourvoyeur. Celui-ci le suit à la chasse, et souvent lui enlève sa proie, avant qu'il ne l'ait entamée ; au moins il la partage, car au moment où le Glouton arrive, l'Isatis, pour n'être pas mangé lui-même, abandonne ce qui lui reste.

L'AGOUTI.

L'Agouti est un animal d'Amérique, de la grosseur du Lièvre ; il a la lèvre supérieure fendue de même que le Lapin, et sa chair est aussi blanche et aussi bonne. Il a le grognement et la gourmandise du Cochon. Sa demeure est dans les bois, où il habite dans le creux d'un arbre ; il se nourrit de fruits, de patates, etc.

LE COATI.

Ce petit quadrupède du nouveau monde vit de proie comme le Renard et lui a été comparé ; sa facilité à se tenir debout l'a aussi fait regarder comme un petit Ours : il est fort sujet à manger le bout de sa queue.

LE RATON

Est analogue au Coati et commun dans la Jamaïque, il descend des montagnes pour ravager des cannes à sucre. Comme le Rat, il porte à sa bouche avec ses pattes de devant, et mange presque debout, même des proies vivantes.

LA LOUTRE.

La Loutre habite le bord des rivières, des lacs, des étangs qu'elle dévaste. Ce quadrupède nage entre deux eaux et très-promptement, au moyen des membranes de ses quatre pieds. On en a vu de dressées à rapporter leur proie et revenir au signal de leur maître. Quand elles n'ont pas de poisson, elles coupent les rameaux tendres et l'écorce des arbres aquatiques; ayant même les dents assez fortes pour briser les os des chiens, dont on se sert pour les détruire.

On est parvenu à les rendre rares en Europe. Elles font leurs petits sur un lit d'herbes et de petites bûchettes. La peau d'hiver de la Loutre est une bonne fourrure.

LA FOUINE.

La Fouine appartient à ce genre de petits animaux carnassiers, à corsage allongé, à démarche rampante, plus à craindre par la ruse que redoutables par la force, et qui exercent les plus grandes cruautés dans nos basses-cours. La Fouine, la Marte, le Putois, le Furet, la Belette et l'Hermine ont beaucoup de ressemblance par la forme et le caractère. La Fouine a la physionomie très-fine, l'œil vif, le saut léger, le corps flexible; elle grimpe aisément aux murailles, entre dans les colombiers, les poulaillers, mange les œufs, les Pigeons, les Poulets, et multiplie ses meurtres autant qu'elle peut. Son espèce est très-répandue dans les pays tempérés. Elle diffère de la Marte en ce qu'elle est plus brune, qu'elle a la queue plus grande et plus noire, et la gorge blanche.

LA MARTE.

La Marte se trouve dans le Nord; elle est un peu plus grosse que la Fouine, ses jambes sont un peu plus longues, sa gorge est jaune, son poil est plus fin. Il ne faut pas la confondre avec la Marte Zibeline, qui est un autre animal dont la fourrure est bien plus précieuse. La Zibeline est noire, la Marte n'est que brune et jaune.

Fouine
Loutre
Belette
Hermine
Écureuil
Furet

LA BELETTE.

La Belette est moins forte que la Fouine et le Putois ; sans être moins sanguinaire, court toutes les nuits, ou plutôt bondit et saute sur sa proie, suçant avidement les œufs et même le sang des jeunes animaux par une seule blessure à la tête.

LE FURET.

Originaire des pays chauds, il ne peut subsister dans le nôtre que comme animal domestique. On le nourrit de pain, de lait, de son ; mais il est carnassier comme le Putois, et particulièrement ennemi du Lapin, à la chasse duquel on l'emploie : en le lâchant muselé dans les terriers, il en suit les détours et force le Lapin à en sortir et à se jeter dans les filets placés aux issues.

L'HERMINE.

La superbe fourrure de cette espèce de Belette blanche est caractérisée par l'extrémité noire de sa queue. L'Hermine se trouve assez communément dans le Nord, et n'est pas rare en France ; mais elle n'y est pas aussi belle : son poil roussâtre en été lui fait donner alors le nom de Rosselet.

L'ÉCUREUIL.

Joli petit animal qui n'est qu'à demi sauvage ; il n'est point carnassier, sa nourriture ordinaire sont des fruits, des amandes, des noisettes : il est propre, vif, très-industrieux, sa queue forme le panache ; il se tient ordinairement assis et se sert de ses pieds de devant comme de mains pour porter à sa bouche. Il demeure sur la cime des arbres et parcourt les forêts en sautant de l'un à l'autre. Sa couleur est d'un brun très-vif. Il craint l'eau, et l'on assure que, lorsqu'il faut la passer, il se sert d'une écorce pour vaisseau, et de sa queue pour voile et pour gouvernail. Il y a peu de variétés dans l'espèce même de l'Écureuil ; mais il y beaucoup d'espèces voisines parmi lesquelles on remarque le Petit-Gris, l'Écureuil de Barbarie, le Palmiste et l'Écureuil volant.

LE RAT.

Animal assez connu par l'incommodité qu'il nous cause. Il habite ordinairement les greniers, il est carnassier et même omnivore; il ronge meubles et vivres de toute espèce. Malgré les Chats, les Belettes, le poison et les piéges, ces animaux pullulent si fort, qu'ils causent souvent les plus grands dommages : dans les temps de disette, ils se mangent entre eux. Le Rat a la tête allongée, le museau pointu, les oreilles grandes, larges et nues, la queue longue, dénuée de poil, mais couverte de petites écailles. Outre les Rats ordinaires qui sont d'un gris noirâtre, il y en a de bruns, de noirs et de blancs.

LE RAT D'EAU

Est un petit animal de la grosseur du Rat, qui habite le bord des rivières, des étangs, comme la Loutre. Il ne vit guère que de poissons.

LA SOURIS,

De la même forme que le Rat, mais beaucoup plus petite, est aussi plus nombreuse; elle n'en diffère que par sa faiblesse : elle ne sort de son trou que pour chercher à vivre; ses mœurs sont plus douces, et elle s'apprivoise jusqu'à un certain point. Ces petits animaux ont l'air fin et très-vif.

LE COCHON D'INDE.

ORIGINAIRE des pays chauds, il subsiste et produit dans les pays tempérés; il est plus petit que le Lapin et se nourrit de même, ne boit point et craint l'humidité. Il est d'une fécondité extraordinaire. Les femelles produisent tous les deux mois et souvent portent dix petits et plus. Au reste, cet animal doux, familier, n'a rien de désagréable; sa chair est médiocre et sa peau ne sert à rien.

LA MUSARAIGNE.

LA MUSARAIGNE est plus petite que la Souris, elle habite les bois et les jardins; elle tient de la Taupe par la conformation de son museau et par la petitesse de ses yeux. Sa couleur ordinaire est un brun mélangé. Son odeur est si mauvaise qu'elle empêche les Chiens et les Chats d'en manger.

LE LOIR.

LE LOIR est un de ces trois petits animaux qui, comme la Marmotte, dorment pen-

Cochon d'inde
Rat
Souris
Marmotte
Taupe
Musaraigne
Loir
Hérisson
Chauve-Souris

dant l'hiver. C'est dans cette saison qu'on les trouve dans les creux des arbres ; ils y gisent en boule et sans mouvement, rien ne peut les en tirer qu'une chaleur douce et graduée. Cet animal s'engraisse, sur les montagnes, de fruits sauvages et de jeunes oiseaux. Chez les Romains il faisait partie de la bonne chère. Le Lérot, plus commun que le vrai Loir, mange les fruits d'espalier.

LA MARMOTTE.

La Marmotte a seize pouces de long, une queue très-courte et très-fournie, et beaucoup de ressemblance avec le Rat et le Lièvre. Sa couleur est d'un brun-roux, la tête est plate, les oreilles courtes et cachées dans sa fourrure. Cet animal, qui n'habite que dans les hautes montagnes, surtout celles des Alpes, est sujette à s'engourdir par le froid, au commencement d'octobre. La Marmotte se recèle dans sa retraite pour n'en sortir qu'au commencement d'avril. Prise jeune, elle s'apprivoise presque autant que nos animaux domestiques. Elle apprend à saisir un bâton, à danser et à obéir en tout à la voix de son maître. Elle est antipathique avec le Chien.

LE HÉRISSON.

Le Hérisson a reçu de la nature une armure épineuse, avec laquelle il sait se défendre sans combattre, et blesser sans attaquer. Il n'a nulle force et pas d'agilité pour fuir ; mais, avec la facilité de se rouler en boule, et de présenter de tous côtés des armes défensives, il rebute ses ennemis, et plus ils le tourmentent, plus il se hérisse et se resserre. Cet animal se tient dans les bois ; il mange de tout, de la viande, du pain, du son, des fruits, des racines, des vers, etc., et ne peut s'apprivoiser. Sa longueur est d'environ neuf pouces, les plus grands de ses piquans ont un pouce de long.

LA TAUPE.

Sans être aveugle, la Taupe a les yeux si petits, si couverts, qu'elle ne peut faire grand usage du sens de la vue ; en récompense elle a l'ouïe très-fine, son poil est d'un beau noir et doux comme de la soie. Elle a de petites mains, à cinq doigts, presque semblables à celles de l'Homme. Ces animaux, qui aiment la solitude, ont l'art de se faire, en un instant, un asile, et la facilité de l'étendre et d'y trouver, sans en sortir, une nourriture abondante. C'est dans les terres douces, fournies de racines, et bien peuplées d'insectes et de vers dont elle puisse se nourrir, que la Taupe pratique sa retraite ; elle en ferme l'entrée, et n'en sort presque jamais qu'elle n'y soit forcée par l'abondance des pluies. Il y a plusieurs espèces de Taupes.

LA CHAUVE-SOURIS.

La Chauve-Souris semble faire la nuance des quadrupèdes aux oiseaux, si ce n'est par sa conformation, du moins par le vol. Ses ailes ne sont que de larges membranes qui séparent les ongles prolongés de ses pattes de devant. Il y en a de différentes formes, mais toutes sont affreuses ; elles ont les yeux petits, obscurs et couverts, le nez ou plutôt les naseaux informes, la gueule fendue de l'une à l'autre oreille ; toutes aussi cherchent à se cacher, fuient la lumière, n'habitent que les lieux ténébreux, où elles restent collées contre les murs, et n'en sortent que la nuit. La Chauve-Souris saisit au vol les Moucherons, les Cousins, et surtout les Papillons Phalènes ; elle les avale tout entiers, elle mange aussi de la viande crue et cuite. Elle passe l'hiver dans un engourdissement et ne se réveille qu'au printemps. Outre la Chauve-Souris commune, il y en a un grand nombre d'autres espèces très-distinctes.

LE LION.

Le Lion est le plus fort, le plus fier de tous les animaux. Il a la figure imposante, le regard assuré, la démarche altière, la voix terrible, la taille si bien proportionnée que son corps paraît être le modèle de la force et de l'agilité. La taille du Lion varie; celle des plus grands est de huit à neuf pieds, depuis le mufle jusqu'à l'origine de la queue. Sa tête est couverte de poils longs et touffus, et son cou est orné d'une crinière qui lui couvre le poitrail; sur le reste de son corps le poil est lisse et généralement de couleur fauve. Lorsqu'il a faim, il attaque de face tous les animaux qui se présentent; mais, comme tous cherchent à éviter sa rencontre, il se tient en embuscade, tapi sur le ventre, dans un endroit fourré d'où il s'élance avec tant de force qu'il les saisit souvent au premier bond. Dans les déserts et les forêts sa nourriture la plus ordinaire sont les Gazelles et les Singes. Il aime aussi les Chameaux et les jeunes Éléphans; mais, un fait établi par le témoignage de plusieurs auteurs, c'est que le Lion préfère la chair du Hottentot à celle de toute créature, et qu'on en a vu choisir un de ces sauvages parmi un grand nombre de Hollandais. Le Lion mange beaucoup à la fois et se remplit pour deux ou trois jours; il supporte moins la soif que la faim. Sa langue est armée de pointes si dures qu'elles suffisent seules pour entamer la chair de sa victime. Lorsque ce terrible animal est en colère, ses rugissemens ressemblent au bruit du tonnerre; tous les animaux épouvantés cherchent alors leur salut dans une fuite précipitée. Dans les vastes déserts du Zaara, et, en général, dans toutes les parties

Ours de la mer du nord,

Ours d'Amérique

Tigre royal.

Lion de barbarie.

méridionales de l'Afrique et de l'Asie, les Lions sont en assez grand nombre et très-féroces ; ceux qui habitent près des bourgades de l'Inde et de la Barbarie le sont beaucoup moins. La force de cet animal est telle que, d'un seul coup de queue, il peut renverser un Homme. Le Lion, néanmoins, peut s'apprivoiser ; pris jeune, et élevé parmi les animaux domestiques, il s'accoutume à vivre et même à jouer avec eux. Il est doux et caressant pour ses maîtres, et reconnaissant ; bien différent du Tigre, il n'est cruel que par nécessité, et, dès qu'il est repu, il est en paix avec toute la terre. La Lionne est d'un quart environ plus petite que le Lion, et dépourvue de cette crinière qui constitue si sensiblement l'extérieur majestueux du mâle.

La manière dont les Indiens vont à la découverte de ces animaux redoutables est telle que l'on y croirait difficilement : des gens de la campagne, sans armes et à moitié nus, vont, regardant d'un côté et d'autre d'un jungle, comme un petit Garçon chercherait, en Europe, un nid d'oiseaux, une Brebis égarée ; quand le taillis est trop épais pour que l'œil puisse y pénétrer, les Éléphans, dont on se sert pour cette chasse, s'y font jour avec leur trompe, et renversent tout ce qui s'oppose au passage.

Les Hottentots, intrépides chasseurs, attendent, avec une constance incroyable, que l'animal se présente bien pour le tirer, et ce n'est pas à tort, car, s'il n'est que blessé, son ennemi devient bientôt sa victime.

Un fermier Hollandais, du Cap de Bonne-Espérance, étant un jour à la chasse au Lion, faillit perdre un de ses deux fils dont il était accompagné : l'aîné, en tirant, ne fit que blesser cet animal qui, en quelques bonds, se précipita sur lui, le terrassa en lui enfonçant ses ongles dans les épaules ; mais, inquiété par les deux adversaires qui lui restaient à vaincre, il n'osait assouvir sa vengeance. Le plus jeune ne put supporter la vue d'un tel spectacle et perdit l'usage des sens. Le père, plein de calme et de courage, ajusta cette bête furieuse, et fut assez heureux pour la tuer du coup. Il s'empressa de retirer son fils de dessous le Lion qui avait passé si promptement de la vie à la mort qu'il était resté dans la même position.

On les prend aussi par adresse, en les faisant tomber dans une fosse profonde, qu'on recouvre avec des branchages, au-dessus desquels on attache un animal vivant. Le Lion devient doux dès qu'il est pris, et, si l'on profite de sa surprise, on peut l'attacher, le museler et le conduire où l'on veut.

Dans les parties septentrionales du continent africain qui sont infestées de cette espèce d'animaux, les naturels du pays font preuve d'une adresse et d'une intrépidité extraordinaires en les attaquant. Claude Jannequin, dans son Voyage au Sénégal, donne une description de l'un de ces combats, sur les bords du Niger, entre un Lion et un chef des Nègres. Le prince emmena Jannequin et sa suite dans un endroit voisin d'une forêt considérable, fréquentée par un grand nombre de bêtes féroces, et leur ordonna de grimper sur des arbres ; puis, montant sur son cheval, et prenant avec lui trois javelots et un cimeterre, il entra dans la forêt où il ne tarda pas à rencontrer un Lion et le blessa à la cuisse. L'animal furieux s'élança vers son assaillant qui, par une fuite simulée, l'attira à l'endroit où la compagnie, devant laquelle il voulait le combattre, s'était retirée. Tournant alors, tout-à-coup, la bride de son cheval, il lança à son antagoniste un javelot qui l'atteignit au corps. Il descendit alors de cheval, et le Lion, écumant de rage, s'avança vers lui, la gueule ouverte, comme pour le dévorer : mais il reçut l'animal avec la pointe de son dernier javelot, qu'il lui enfonça dans le gosier ; puis, d'un bond, sautant à cheval sur son corps, il lui coupa la gorge avec son cimeterre. Le Nègre fit preuve de tant d'adresse et d'agilité dans ce combat, qu'il ne reçut qu'une légère égratignure à la cuisse.

L'histoire rapporte beaucoup d'anecdotes intéressantes sur l'attachement et la reconnaissance de ces animaux. Celle d'Androclès et du Lion, telle qu'elle a été rapportée par Dion-Cassius, ne peut qu'être très-familière à nos lecteurs, ainsi que celle du Lion de Florence. Je me bornerai donc à en citer quelques-unes d'une date plus récente.

Les Français avaient autrefois, au Fort Saint-Louis, une Lionne qu'ils tenaient enchaînée ; mais le pauvre animal avait été réduit à un tel état de maigreur par un gonflement de la mâchoire, que les habitans du Fort s'imaginèrent qu'elle allait mourir ; ils lui ôtèrent sa chaîne et la jetèrent dans un champ voisin.

Là, elle fut trouvée par M. Compagnon, auteur des Voyages de la Natolie, qui passait par hasard dans ce champ, à son retour de la chasse. M. Compagnon fut touché des souffrances de cette bête, et, après avoir lavé sa gueule avec de l'eau fraîche, il lui versa dans la gorge une petite quantité de lait. Ce breuvage produisit un effet sensible sur la Lionne, qui fut reconduite au Fort, et recouvra par degré la santé. L'obligeance de son bienfaiteur fit concevoir à la Lionne un tel attachement pour lui, qu'elle ne voulut plus rien prendre qui ne vînt de sa main.

Labat parle d'un Homme qui gardait un Lion dans sa chambre. Par malheur, le domestique qu'il employait pour avoir soin de lui faisait souvent succéder des coups aux caresses du maître. Le Lion supporta pendant quelque tems ce traitement injuste ; mais, un jour, le maître fut réveillé par un bruit extraordinaire dans sa chambre, et, en tirant les rideaux de son lit, il vit, avec effroi, le Lion jouant avec une tête d'homme, qu'il avait séparée du tronc, et qu'il faisait rouler dans la chambre. Des précautions furent prises aussitôt pour que l'animal ne pût causer aucun autre accident fâcheux.

Il y avait en 1800, au Jardin du Roi, à Paris, un Lion, qui avait été amené de Constantinople par Félix, nommé gardien de la ménagerie. Après une maladie de Félix, pendant l'absence duquel le Lion s'était montré fort triste et continuellement accroupi au fond de sa loge, ce gardien rétabli alla rendre visite à son Lion qui, sitôt qu'il l'aperçut, ne fit qu'un bond jusqu'à lui et le combla de caresses.

Plusieurs Chiens ont vécu familièrement avec des Lions, à la ménagerie du Roi, à Paris. On y voyait une Lionne qui avait dans sa loge un Barbet; elle paraissait l'aimer beaucoup et se plaisait à ses jeux.

LE TIGRE.

Le vrai Tigre, ou Tigre royal, a le corps marqué de bandes longues et larges, qui, prenant sur le dos, se rejoignent sous le ventre. Sa peau est d'un fauve vif et blanche à la gorge et au ventre. Sa taille surpasse celle du Lion. Il est bassement féroce et impitoyablement cruel; quoique rassasié de chair, il semble toujours être altéré de sang, et désole le pays qu'il habite, égorge et dévaste les troupeaux d'animaux domestiques, met à mort toutes les bêtes sauvages, attaque les petits Eléphans, les jeunes Rhinocéros, et, quelquefois, ose braver le Lion. Heureusement l'espèce n'en est pas nombreuse, et paraît confinée aux climats les plus chauds de l'Inde orientale. De nouvelles découvertes nous apprennent cependant qu'il y en a, non seulement dans les pays tempérés, mais même jusqu'en Sibérie. Quand il a tué quelques gros animaux, comme un Cheval, un Buffle, il ne les éventre pas sur la place; s'il craint d'y être inquiété, il les emporte dans les bois en les traînant avec tant de légèreté, que la vitesse de sa course en paraît à peine ralentie. Le Tigre passe pour être, de tous les animaux, celui dont on ne peut fléchir le naturel féroce. Cependant on en a vu de très-familiers. En 1793, un très-beau Tigre fut amené du Bengale à la ménagerie royale de Londres : tout le tems de la traversée cet animal montra le naturel le plus doux; il souffrait, quelquefois, que des matelots reposassent leur tête sur son corps, et par suite, quoique enfermé dans sa loge, il se montra aussi privé et parut attaché à son gardien. Cet animal peut faire une exception à la règle.

On prétend que, quelquefois, le Tigre et le Crocodile se font une guerre sanglante dans laquelle ils périssent tous les deux. Lorsque le Tigre va sur les bords d'un fleuve ou d'un lac pour se désaltérer, le Crocodile lève la tête au-dessus de la surface de l'eau pour le saisir, comme il le fait des autres animaux; alors le Tigre fixe ses ongles dans les yeux du Crocodile, seule partie de cet animal qui soit vulnérable, et ce dernier, se plongeant aussitôt dans son élément naturel, entraîne avec lui le Tigre au fond de l'eau, où ils meurent tous les deux.

La peau du Tigre est assez estimée, surtout en Chine; elle sert à couvrir les chaises des mandarins militaires dans les marchés. Il ne faut pas confondre avec le Tigre différentes espèces d'animaux de proie marqués de taches arrondies, tels que les Panthères, les Léopards, etc.

L'OURS.

Cet animal sauvage et solitaire, qui habite les excavations les plus inaccessibles des montagnes, ou fixe son séjour dans les endroits les plus impénétrables des forêts, a les oreilles courtes, arrondies, les yeux petits, l'odorat extrêmement fin et les griffes si aiguës qu'il peut grimper avec facilité sur les arbres. Il passe une partie de l'hiver dans le tronc d'un vieux arbre, sans provisions, et sans en sortir pendant plusieurs semaines; cependant il n'est pas engourdi, ni privé de sentiment comme le Loir et la Marmotte. Pendant ce temps, il ne fait que sucer ses pieds dont il sort un suc blanc et laiteux. Lorsqu'il ne peut trouver une grotte pour se faire un gîte, il se construit, avec beaucoup d'art et d'industrie, une espèce de cabane dont il sait rendre le toit impénétrable à l'eau. Il est très-facile de l'apprivoiser, et de le rendre obéissant et docile. On lui apprend à marcher debout, à tenir un bâton entre ses mains et à faire différens tours. L'espèce de l'Ours renferme plusieurs variétés. Il y en a de tout blancs qu'il ne faut pas confondre avec l'Ours de la Mer Glaciale. L'Ours noir est plus gros que les autres; il n'est que farouche, et refuse constamment de manger de la chair. Il se nourrit de fruits, de racines; ses mets les plus friands sont le miel, le lait. On le trouve, en grand nombre, dans les forêts des pays septentrionaux de l'Europe et de l'Amérique. L'Ours brun est féroce et carnassier ; il dévore les animaux vivans, et mange même ses petits. On le trouve dans les climats froids et tempérés, et même dans les régions du Midi. Les Ours sont si communs au Kamtschatka qu'on les voit souvent errer dans les plaines en nombreuses compagnies. Leur naturel est si doux que les femmes et les jeunes filles vont chercher des herbes et des racines au milieu d'une quantité d'Ours qui ne leur font aucun mal.

On chasse l'Ours de différentes manières. Dans quelques contrées du Nord, un seul Homme attaque en plaine un Ours, sans autres armes qu'un couteau bien affilé et un stylet pointu des deux bouts, attaché à une courroie passée autour de son bras droit, et, prenant son stylet d'une main, et son couteau de l'autre, il s'approche hardiment de l'animal, qui se dresse sur ses jambes de derrière pour l'attaquer. Au moment où il ouvre la gueule, le chasseur lui enfonce son stylet dans la gorge, et lui fait un mal si horrible que, dès ce moment, l'animal renonce à toute espèce de résistance. La chasse de l'Ours est très-utile lorsqu'elle réussit. Sa peau est, de toutes les fourrures grossières, celle qui a le plus de prix, et la quantité d'huile que l'on en tire est considérable. L'Ours représenté (Planche 7) est l'Ours noir d'Amérique.

L'OURS DE LA MER GLACIALE.

On trouve dans les terres les plus septentrionales, et au voisinage de la Mer Glaciale, une espèce d'Ours blancs qui sont entièrement différens des Ours de terre.

Ils ont la tête et le cou longs ; l'extrémité de leurs pieds est faite comme celle des autres animaux carnassiers de ce genre ; leur poil est long, doux, et d'un blanc un peu jaunâtre. Ils sont plus agiles, plus déliés et plus grands que nos Ours de terre. Ces animaux dévorent les Rennes et ce qu'ils peuvent saisir. Ils attaquent les Hommes et déterrent les cadavres. Leur proie la plus ordinaire sont les Phoques qui ne sont pas assez forts pour leur résister ; mais les Morses, auxquels ils enlèvent leurs petits, les percent de leurs défenses et les mettent en fuite. Ces animaux, dans les régions polaires, sont en troupes prodigieuses, non seulement sur la terre, mais encore sur les glaçons flottans, à plusieurs lieues en mer ; car, lorsque des masses de glaces sont détachées par la violence des vents ou des courans, les Ours se laissent entraîner avec elles : on en a vu transportés de cette manière jusqu'en Islande.

LE LÉOPARD.

Cet animal a environ quatre pieds de long, sans compter la queue. Il a un très-beau pelage fauve, marqué de taches noires annelées. On le trouve principalement au Sénégal, et dans les parties intérieures de l'Afrique. Il se plaît dans les forêts les plus impénétrables, et fréquente, comme le Tigre, le bord des rivières, pour y surprendre les animaux qui vont s'y désaltérer. Il attaque indistinctement tous les êtres qu'il rencontre, n'épargnant ni l'Homme, ni les animaux. Cette bête cruelle, armée de griffes extrêmement aiguës et tranchantes, qu'elle ferme comme les doigts de la main, ne lâche jamais sa proie ; elle la déchire autant avec ses ongles qu'avec ses dents. Les Nègres prennent souvent ces animaux dans des fossés légèrement couverts de claies et de feuillages ; ils se régalent de leur chair. Les Négresses font des colliers avec leurs dents. Leur peau, que les marchands fourreurs appellent improprement peau de Tigre, est plus belle et plus chère que celle de la Panthère et de l'Once. Il existe une variété de cette espèce appelée le Léopard Chasseur, qui est à peu près de la taille d'un Lévrier. Cet animal, qui habite principalement dans l'Inde, bien différent du Léopard, dont nous venons de parler, s'apprivoise facilement ; on l'emploie à la chasse des Gazelles et des Antilopes.

LA PANTHÈRE,

Plus forte que le Léopard, a cinq ou six pieds de long. Heureusement pour l'humanité, elle préfère la chair des brutes à celle de l'Homme ; cependant, pressée par la faim, elle attaque toute créature vivante. Elle gravit sur les arbres pour attraper les Singes et autres animaux ; de sorte que, sur la terre, aucun être n'est à l'abri de ses atteintes. La fourrure de la Panthère est moins estimée que celle du Léopard.

LE JAGUAR.

Ce Tigre du Brésil est tacheté comme le Léopard, son poil est plus long que celui de la Panthère. La faim seule paraît lui donner de l'audace : alors il vient, jusque dans les habitations, attaquer les Chiens et les Vaches ; mais il ne faut qu'une proie pour l'assouvir, et aussitôt, devenu lâche, un Chien suffit pour le mettre en fuite. On emploie sa peau pour les housses de Chevaux.

LE LYNX.

Les oreilles étroites et longues du Lynx qui sont ornées, à leurs extrémités, d'un pinceau de poils noirs, le distinguent de tous les animaux de l'espèce féline. La longueur de son corps est de plus de quatre pieds, son poil est long et soyeux, marqué de taches brunâtres. Sa robe est très-estimée, à raison de ce qu'elle est très-chaude et très-moelleuse. Le Lynx, quand il poursuit sa proie, grimpe sur les arbres les plus élevés, et, ni les Belettes, ni les Hermines, ni les Écureuils ne peuvent lui échapper. Il se met en embuscade pour surprendre le Daim, le Lièvre et autres animaux ; et, lorsque l'occasion est favorable, il s'élance du branchage de l'arbre où il était caché, et les saisit à la gorge : mais, après avoir sucé le sang, et mangé la cervelle de sa victime, dont il ouvre la tête, il la laisse pour aller chercher une nouvelle proie. Les plus beaux se trouvent en Tartarie. Des fables de toute espèce ont été inventées par les anciens relativement à ce quadrupède. Ils prétendaient que la vue du Lynx pénétrait à travers un mur.

L'HYÈNE.

A peu près de la grosseur du Loup, l'Hyène paraît avoir le corps plus ramassé ; elle a la tête plus carrée et plus courte ; les jambes de derrière, aussi plus courtes que celles de devant, donnent à cette bête cruelle un air ignoble. Son poil est d'un gris obscur, avec des ondes transversales noires. Les Hyènes habitent, en général, les cavernes et les lieux garnis de rochers, d'où elles sortent par troupeaux, pendant la nuit, pour se nourrir de charogne ou de tous les animaux vivans dont elles peuvent s'emparer. Elles commettent souvent de grands ravages parmi les bestiaux dont elles forcent les étables. Elles violent l'asile des morts pour déterrer et dévorer des cadavres putréfiés, et se plaisent au milieu de l'infection des tombeaux. Quand l'Hyène ne peut satisfaire son appétit carnassier, elle se nourrit de racines. Son courage égale sa férocité ; un individu de son espèce se défend quelquefois avec obstination contre des animaux beaucoup plus forts. On en a vu souvent attaquer l'Once ou la Panthère. Ses yeux brillent dans l'obscurité, et l'on prétend qu'elle voit mieux la nuit que le jour. L'Hyène mouchetée a une très-forte ressemblance avec l'espèce précédente ; mais elle est plus grosse, et marquée de nombreuses taches noires. La couleur de son poil est d'un brun rougeâtre. Ces animaux se trouvent dans plusieurs contrées de l'Afrique ; mais leur nombre est considérable au Cap de Bonne-Espérance, où

(8)
Hyène
Lynx
Léopard
Conépate
Castor

ils sont extrèmement cruels et très-formidables; ils entrent fréquemment dans les huttes des Hottentots pour chercher leur proie, et, quelquefois, il leur arrive d'enlever des enfans. Barbas rapporte qu'une de ces Hyènes entra dans la maison d'un Nègre, sur la Côte de la Guinée, se saisit d'une jeune Fille, malgré sa résistance, la chargea sur son dos, en la tenant par une jambe, et fut sur le point de s'enfuir avec ce fardeau : les cris de l'infortunée attirèrent fort heureusement quelques Hommes à son secours. L'animal, aussitôt qu'il les aperçut, lâcha sa proie et prit la fuite ; mais la jeune Fille fut cruellement mutilée par les dents de cette bête carnassière.

LE CASTOR.

La longueur de cet animal porte environ trois pieds ; sa queue, d'une configuration ovale, longue de onze pouces, est couverte d'écailles comme celle d'un Poisson. Elle lui sert de gouvernail pour le diriger dans l'eau et devient pour lui un instrument fort utile dans d'autres opérations. Son poil est ordinairement brun. Le Castor a les pieds de devant petits et semblables à ceux d'un Rat ; ceux de derrière sont larges, et tous les doigts en sont réunis par une membrane: il a les dents incisives, très-fortes et très-propres à couper le bois ; aussi ne fait-il sa nourriture que d'écorces et de feuilles d'arbres. L'industrie est le caractère distinctif de ces quadrupèdes. Ils vivent ordinairement en communauté de deux ou trois cents, occupant des habitations qu'ils élèvent à la hauteur de huit ou dix pieds au-dessus de l'eau. Ils choisissent pour cela un grand étang, dans lequel ils construisent, sur pilotis, leurs maisonnettes, qui se terminent par une voûte. Elles sont bâties en terre, en pierre et en bois, arrangées avec beaucoup de solidité et revêtues d'un enduit à l'extérieur. Lorsque ces animaux ne peuvent parvenir à trouver un étang à leur gré, ils choisissent un terrain uni, traversé par un courant d'eau ; ils construisent alors une digue à l'endroit le plus favorable, en abattant des arbres d'une grosseur considérable, en enfonçant dans la terre des pieux de cinq à six pieds de hauteur, les alignant et les entrelaçant de petites branches d'arbres ; ils remplissent les intervalles de ces pilotis, de pierres, de sable et de glaise, qu'ils maçonnent avec tant de solidité, qu'un Homme peut se promener sans crainte sur cette chaussée, longue souvent de cent pieds : cette jetée ainsi terminée, ils bâtissent leurs cabanes qui ont deux issues, l'une du côté de la terre et l'autre du côté de l'eau.

Ces maisonnettes intérieurement sont divisées en plusieurs cellules, où chaque individu forme son lit de mousse et de feuilles. Chaque famille met en réserve des provisions d'hiver, qui consistent en écorces et en branches d'arbres fort tendres, coupées et entassées avec beaucoup d'ordre et de propreté.

La fourrure de cet animal, qui est très-commun dans le Nord, est très-recherchée,

LES MOUFFETTES.

Sous ce nom tiré par analogie de la Mouffette, espèce de vapeur souterraine qui suffoque, on comprend quatre animaux qui répandent une odeur détestable ; leur espèce tient un peu de celle des Fouines. Les quatre espèces de Mouffettes sont : le Coase, le Chinche, le Conepate et le Zorille. Les voyageurs les ont nommés puans ou enfans du diable. Le nouveau monde possède exclusivement le détestable parfum des Mouffettes : le Chinche et le Zorille appartiennent aux climats les plus chauds de l'Amérique ; le Coase et le Conepate sont du climat tempéré de la Nouvelle-Espagne, de la Louisiane : il y a une espèce de Coase qui n'a point de mauvaise odeur.

L'ÉLÉPHANT.

C'est le plus gros et le plus grand des quadrupèdes : quand il est parvenu à sa croissance, il a environ dix à douze pieds de hauteur ; il a le corps ramassé, une grosse tête, le cou très-court, une trompe qui descend jusqu'à terre, une petite gueule étroite, avec deux défenses à la mâchoire inférieure ; de petits yeux perçans et spirituels, et de grandes oreilles pendantes ; ses jambes sont massives, ses pieds sont courts, sa couleur est d'un brun foncé.

4

Malgré la grosseur de sa masse, cet animal ne manque pas de légèreté dans ses mouvemens ; il a un trot assez prompt, et lorsqu'il est furieux un cavalier, malgré la célérité de son coursier, ne peut échapper à sa poursuite.

Les défenses de ce quadrupède qui produisent l'ivoire, varient par la grosseur et l'étendue ; les plus longues sont de sept à huit pieds : on n'en voit que très-rarement aux femelles.

Dans l'état sauvage, l'Eléphant n'est ni sanguinaire ni féroce ; il ne fait usage de ses armes que pour se défendre lui-même ou protéger ses semblables : il marche ordinairement de compagnie, le plus âgé conduit la troupe ; le second d'âge marche le dernier ; les jeunes et les faibles sont au milieu ; les mères portent leurs petits en les tenant embrassés dans leur trompe. Un voyageur en vit un jour une troupe de cent cinquante déboucher d'une forêt qu'ils avaient traversée en déracinant et brisant, avec leur trompe, les arbres qui obstruaient leur passage : avec cette trompe dont la force et la souplesse sont excessives, ils peuvent facilement prendre un Homme et le lancer à une hauteur considérable ; on en a vu de même prendre un Cheval et le terrasser après l'avoir étouffé.

La chasse à l'Eléphant se fait de différentes manières ; chez les Princes indiens, et surtout dans le royaume de Siam, elle se fait avec beaucoup d'art : au milieu des forêts et dans les lieux voisins de ceux qu'ils habitent, on choisit un espace qu'on environne de fortes palissades, en y laissant une entrée par où les Eléphans puissent passer : on emploie presque une armée à battre plusieurs lieues de pays, d'où on les chasse au bruit des tambours, vers l'entrée du parc ; ils prennent d'autant plus ce chemin qu'ils y sont attirés par des femelles apprivoisées. Dès qu'ils se voient retenus ils se livrent à une fureur qui devient inutile. C'est ainsi que, pendant cinq ou six jours, on ne leur donne aucune espèce de nourriture ; ce long jeûne les rend dociles et les dispose à se laisser approcher. Les Nègres d'Afrique se contentent de creuser, sur leur passage, des fosses recouvertes de branchages, et assez profondes pour qu'ils ne puissent en sortir lorsqu'ils y sont tombés.

Une fois dompté, l'Eléphant devient le plus doux, le plus obéissant de tous les animaux ; il s'attache à celui qui le soigne, le caresse et semble deviner tout ce qui peut lui plaire : en peu de temps il vient à comprendre les signes et même l'expression des sons ; son attachement devient quelquefois si fort pour son conducteur nommé *cornac*, qu'il refuse de servir sous tout autre.

Un de ces animaux rend autant de service à son maître que six chevaux ; mais il demande beaucoup de soins et une quantité considérable de nourriture : il mange cent livres de riz par jour.

Pour donner une idée de leur intelligence, il suffira de dire que tous les tonneaux, sacs et paquets qui se transportent d'un lieu à un autre de l'Inde, sont voiturés par des Éléphans ; qu'ils peuvent porter des fardeaux sur leur corps, sur leur cou, sur leurs défenses et même avec leur gueule, en leur présentant le bout d'une corde qu'ils serrent avec leurs dents ; que, joignant l'intelligence à la force, ils ne cassent ni n'endommagent rien de ce qu'on leur confie ; qu'ils font tourner et passer ces paquets du bord des eaux dans un bateau, sans les laisser mouiller, les portent doucement, et les rangent où on veut les placer ; que, quand ils les ont déposés dans l'endroit qu'on leur montre, ils essaient, avec leur trompe, s'ils sont bien situés, et si c'est un tonneau qui roule, ils vont d'eux-mêmes chercher des pierres pour le caler.

Ces animaux remarquables par leur affection, leur reconnaissance, sont très-sensibles aux injures et aux mauvais traitemens et s'en vengent assez ordinairement.

Dans une ville de la côte du Malabar, un Éléphant, qui avait été maltraité par un soldat, l'ayant aperçu un jour sur les bords d'une rivière, courut à lui, l'enleva avec sa trompe, le plongea plusieurs fois dans l'eau, et l'exposa ensuite à la risée des spectateurs.

L'histoire rapporte beaucoup de traits de fidélité, de reconnaissance et de sagacité des Éléphans. Élien nous apprend que, lorsque Porus, Roi de l'Inde, fut vaincu par Alexandre-le-Grand, il se trouva blessé de plusieurs dards, qu'un Éléphant retira de son corps, avec sa trompe, et que, lorsque cet animal s'aperçut que son maître allait tomber en faiblesse par la perte considérable de sang qu'il faisait, il se coucha tout doucement par terre, afin que son cavalier ne se fît pas de mal en descendant. Athénée parle de la reconnaissance d'un Eléphant envers une femme qui lui avait rendu quelques services, et qui avait coutume de mettre son enfant auprès de lui lorsqu'il était tout petit. A la mort de la mère, l'Eléphant prit tant d'affection pour l'enfant, qu'il manifestait le plus vif mécontentement lorsqu'on l'éloignait de sa présence, et qu'il ne voulait prendre d'alimens que la nourrice n'eût mis sa barcelonnette entre ses jambes, et alors il mangeait de grand appétit; pendant que cet enfant dormait, il chassait les mouches d'autour de lui avec sa trompe, et lorsque l'enfant pleurait, il agitait son berceau jusqu'à ce qu'il fût assoupi.

L'Eléphant blanc est une variété rare à Siam; il est gardé par cent officiers, il est servi en vaisselle d'or, promené sous un dais, logé dans un pavillon magnifique, dont les lambris sont dorés. Plusieurs Rois de l'Orient préfèrent, à tout autre titre, celui de possesseur de l'Eléphant blanc.

Les frères Franconi ont représenté, sur leur théâtre, une pièce intitulée : *L'Eléphant du Roi de Siam*. Le principal rôle était joué par cet animal, qui le remplissait avec une intelligence incroyable.

LE RHINOCÉROS.

Après l'Eléphant, le plus puissant des animaux est le Rhinocéros; mais s'il en approche par le volume, il en diffère infiniment par les facultés naturelles et par l'intelligence : il n'est guère supérieur aux autres animaux que par la force, la grandeur et l'arme offensive qu'il porte sur le nez ; cette corne très-dure défend les parties antérieures de son museau, en sorte que le Tigre attaque plus volontiers l'Eléphant dont il saisit la trompe, que le Rhinocéros qu'il ne peut coiffer sans risquer d'être éventré ; car le corps et les membres sont recouverts d'une enveloppe impénétrable, ce qui fait que cet animal ne craint, ni la griffe du Tigre, ni l'ongle du Lion, ni le fer, ni le feu du chasseur. Sa peau est brune et couleur de chair sous le ventre. C'est là qu'elle est pénétrable.

On trouve les Rhinocéros en Asie, en Afrique, au Mogol et jusqu'au Cap de Bonne-Espérance. Les Indiens et les Nègres trouvent la chair de cet animal excellente. Sa peau fait le cuir le meilleur et le plus dur.

LE CHAMEAU, appelé *le Vaisseau du Désert*, par CHATEAUBRIAND.

ORIGINAIRE d'Arabie, le Chameau est, de tous les animaux soumis à la domesticité, celui qui porte l'empreinte de la servitude la plus ancienne. Au bas de la poitrine, est une large callosité aussi dure que la corne : il en a de pareilles à toutes les jambes ; elles ne proviennent que de l'habitude à laquelle on contraint ces animaux en les forçant, dès leur premier âge, à se coucher sur l'estomac, les jambes pliées

(9)
Chameau.
Éléphant.
Dromadaire.
Rhinocéros.

sous le corps, et à porter, dans cette situation, les fardeaux dont on les charge. Leur dos est encore défiguré par la double ou simple bosse qui le surmonte.

Le Chameau est le seul animal qui ait un cinquième estomac, une cinquième poche qui lui serve de réservoir pour conserver de l'eau. C'est en vertu de cette conformation singulière qu'il peut passer plusieurs jours sans boire.

Ces quadrupèdes traversent rapidement les déserts immenses de l'Arabie, marchant jour et nuit presque sans s'arrêter et sans manger ni boire ; on leur fait faire aisément trois cents lieues en huit jours, et pendant tout ce temps de fatigue et de mouvement où ils restent chargés, on ne leur donne chaque jour qu'une heure de repos, et pour nourriture une pelote de pâte : souvent ils courent ainsi neuf à dix jours sans trouver d'eau ; mais lorsque par hasard il s'en trouve une marre, ils la sentent à une demi-lieue : la soif qui les presse leur fait doubler le pas, et ils boivent, en une seule fois, pour tout le temps passé, et pour autant de temps à venir. Lorsque les voyageurs éprouvent une disette d'eau, ils prennent le parti de tuer un Chameau, pour obtenir celle qui est dans son estomac, et qui s'y conserve bonne. En Turquie, en Perse, en Arabie, en Egypte, le transport des marchandises ne se fait que par le moyen des Chameaux. Les marchands et autres passagers se réunissent en caravanes pour éviter les insultes et les pirateries des Arabes. Les Chameaux portent ordinairement mille à douze cents pesant.

Au premier signe, ils plient les genoux et s'accroupissent jusqu'à terre pour se laisser charger; dès qu'ils le sont, ils se relèvent d'eux-mêmes. Ils suivent exactement leur conducteur, qui n'a besoin ni d'éperons, ni de fouet pour les exciter; mais lorsqu'ils sont fatigués on les encourage par le son de quelque instrument.

Les Arabes se nourrissent du lait de Chameau, ils en mangent même la chair, surtout celle des jeunes; leur poil, qui est très-doux, leur sert à faire des étoffes.

Le Dromadaire, qui n'a qu'une bosse, n'est point une espèce particulière ni différente, ce n'est qu'une variété de cette même espèce.

LE TAPIR.

Le Tapir ou Anta est un animal particulier à l'Amérique, et le plus grand de ceux qui sont propres à ce nouveau continent; il est de la grandeur d'une petite vache ou d'un Zébu, mais sans cornes et sans queue. Il a la tête grosse et longue, avec une espèce de trompe, mais infiniment plus courte que celle de l'Eléphant; ses yeux sont petits, son pelage est d'un brun foncé et d'un poil court et épars.

Le Tapir fait constamment son gîte sur les collines et dans les endroits secs; mais il fréquente les lieux marécageux pour y chercher sa subsistance, qui se compose de rejetons et surtout de fruits tombés des arbres. Il aime la propreté, et va tous les matins traverser la rivière ou se laver dans quelque lac. Cet animal est d'un naturel doux et timide; il fuit tout combat, tout danger, et ne laisse pas de courir assez vite avec ses jambes courtes : il nage encore mieux qu'il ne court.

Son cuir est d'un tissu si serré que souvent il résiste à la balle.

LE BUFFLE.

Cet animal, plus fort que le Bœuf, lui ressemble beaucoup par la figure et la stature; mais il en diffère par les cornes et par quelques autres particularités. Son poil est d'un brun obscur.

Le Buffle aime à se vautrer dans la fange et traverse, à la nage, les plus grands fleuves avec beaucoup de facilité. Le caractère de ce quadrupède est sauvage et perfide; on le voit souvent se cacher dans les bois et attendre l'approche de quelque malheureux voyageur qui n'a d'autre moyen de lui échapper qu'en montant sur un arbre : la fuite lui deviendrait inutile, car il serait promptement atteint par cet animal furieux qui, non content de terrasser et de tuer sa victime, se plaît à rester pendant un long espace de temps sur son corps, qu'il foule avec ses sabots, et qu'il froisse avec ses genoux; non seulement il la déchire avec ses cornes et ses dents, mais il la dépouille de la peau à force de la lécher.

Le Buffle n'exerce pas tous ces actes de cruauté sans y mettre des intervalles ; il s'éloigne de temps en temps à une certaine distance, puis il y revient avec une barbare férocité, pour satisfaire de nouveau son caractère atroce. Originaire des climats les plus chauds de l'Afrique et de l'Asie, le Buffle ne laisse pas de vivre et de produire dans les pays tempérés de l'Europe. En Italie, où l'on s'en sert pour le labourage, on les contient et on les dirige par le moyen d'un anneau qu'on leur passe dans le nez. On emploie, avec avantage, leur peau qui est plus dure et plus épaisse que celle du Bœuf.

LE BISON.

Cet animal a des cornes rondes et courtes dont la pointe est tournée en dehors, la tête énorme, le front très-large, l'œil d'une expression féroce, une protubérance sur les épaules aussi forte que celle du Chameau, et une longue crinière onduleuse qui forme une espèce de barbe sous son menton. Les parties antérieures de son corps sont fortes et ramassées, celles du train de derrière sont comparativement plus faibles.

Les Bisons errent par troupeaux nombreux et pâturent dans les savanes matin et soir ; dans les grandes chaleurs ils se reposent le long des rivières et laissent une empreinte si profonde de leurs pieds dans les terrains humides, que les Indiens

Tapir.
Buffle.
Hyppopotame.
Bison.

suivent facilement leurs traces et parviennent à les tuer; cette chasse néanmoins exige les plus grandes précautions, attendu qu'ayant le flair très-fin, ils prennent facilement la fuite, et que lorsqu'ils sont blessés, ils entrent en fureur et écrasent leurs adversaires à coups de cornes et de pieds.

Les Indiens qui s'occupent constamment de cette chasse, en les couchant en joue, les ajustent au défaut de l'épaule et les tuent du premier coup.

L'HIPPOPOTAME.

Quand il est dans sa croissance, cet animal est d'une taille égale à celle du Rhinocéros, qu'elle excède quelquefois. Il a près de onze pieds de long et neuf de circonférence, sa forme est massive, il a les yeux petits et la gueule large, sa couleur est presque brune.

Cet animal, à raison de ce que sa masse est énorme, et de ce qu'il a les jambes courtes, ne peut courir bien vite sur terre, où il est extrêmement timide. Lorsqu'il est poursuivi, il se jette à l'eau, descend au fond et y marche avec beaucoup de facilité; cependant il ne peut y rester long-temps sans revenir à la surface. Dans le jour, il a si peur d'être découvert que, lorsqu'il veut respirer l'air, on aperçoit à peine l'endroit où il hasarde de mettre le nez hors de l'eau.

L'Hippopotame, lorsqu'il est blessé, soulève avec violence les canots et les barques, arrache avec ses dents leurs pièces de rebords et les fait submerger. Il pratique des trous fort creux dans les rivières qui n'ont pas assez de profondeur pour le cacher. Quand il quitte l'eau, il sort ordinairenent la moitié de son corps et évente autour de lui; mais quelquefois il s'élance de la mer avec une grande rapidité. La chair de l'Hippopotame est un excellent mets pour les Hottentots, qui la mangent rôtie ou bouillie. Sa peau, coupée en lanières, sert à faire des fouets.

LE ZÈBRE.

Cet animal est peut-être le mieux fait et le plus élégamment vêtu de tous les quadrupèdes; il a la figure et les grâces du Cheval et la légèreté du Cerf: la beauté de son extérieur est encore rehaussée par le lustre éclatant de sa peau, et par l'étonnante régularité des bandes disposées sur toutes les parties de son corps.

Dans le mâle, les raies sont brunes sur un fond jaunâtre, très-brillant, et dans la femelle, noires sur un fond blanc. Les Zèbres habitent les contrées méridionales de l'Afrique, où leurs vastes troupeaux récréent agréablement l'œil du voyageur. Ils s'assemblent de jour dans les plaines de l'intérieur du pays, et font, par la beauté de leur robe, l'ornement de ces solitudes. Tel est néanmoins leur naturel défiant qu'ils ne se laissent jamais approcher.

Élan.
Zèbre.
Renne.
Chamois.

Tous les efforts employés jusqu'à ce jour pour apprivoiser ce charmant animal, et le rendre utile à l'homme, ont été infructueux ; farouche et porté à l'indépendance, il ne paraît pas fait pour la contrainte et la servitude.

L'ÉLAN.

Plus gros et plus grand que le Cheval, cet animal est disproportionné par le peu d'étendue de son cou et la longueur de ses jambes qui l'empêchent de paître dans un terrain uni ; il ne peut brouter que l'extrémité des plantes dont la tige est élevée, et des feuilles et des branches d'arbres. Le bois qui ne se trouve que sur la tête des mâles est dépourvu d'andouillers, et ses empaumures présentent beaucoup de surface ; il tombe tous les ans et pèse quelquefois jusqu'à soixante livres.

Ces animaux peuvent sauter par-dessus une barrière de cinq pieds de haut. Comme ils ont l'ouïe très-fine, il est difficile de les atteindre : dans l'été les Sauvages n'ont d'autre moyen que de se glisser derrière des buissons, jusqu'à ce qu'ils soient à portée de fusil. Dans les grandes chaleurs, les Élans fréquentent les rivières et se plongent dans l'eau pour se soustraire aux piqûres des moustiques. Souvent les Sauvages les tuent pendant qu'ils traversent les fleuves ; dans cette situation, ils sont les plus innocens de tous les animaux, et ne se montrent pas farouches.

Il paraît qu'on peut apprivoiser ces quadrupèdes avec beaucoup de facilité.

D'après les transactions de la Société de New-Yorck, on est parvenu à les rendre utiles aux travaux de l'agriculture. M. Livengston a fait mettre deux de ces animaux à la charrue, qui, aussi dociles que des poulains du même âge, employaient toutes leurs forces pour tirer et marchaient d'un pas assuré. Comme ils ont le trot fort rapide, il est probable qu'attelés à de légères voitures ils dépasseraient le Cheval; ils sont aussi moins délicats sur leur nourriture.

LE RENNE.

La hauteur de ce quadrupède est, en général, de quatre pieds; la couleur de son poil est sur le corps d'un brun foncé : les deux sexes de cette espèce ont des cornes qui sont longues, branchues et munies d'andouillers. Ses sabots qui sont longs, fort larges et fendus, lui permettent de marcher sur la neige sans s'y enfoncer trop profondément.

Pontoppidam, Evêque de Bergen en Norwége, nous apprend que le Renne a par-dessus ses paupières une espèce de membrane qui lui permet de voir les objets et sans laquelle il serait obligé de fermer les yeux quand il tombe de la neige à gros flocons. Ce quadrupède remplace, chez les Lapons, le Cheval, la Vache, la Chèvre et la Brebis : on peut dire qu'il constitue leur seule et véritable richesse. Son lait leur procure du fromage, sa chair une nourriture plus substantielle, sa peau des vêtemens, ses nerfs et tendons des cordes pour leurs arcs et du fil ; ses cornes de la glu, et ses os des cuillers : l'hiver, le Renne leur tient lieu de Cheval, en ce qu'ils l'attèlent à des traîneaux qu'il tire sur des rivières, sur des lacs glacés et sur la neige, avec une vélocité étonnante.

Ces animaux marchent en bandes ; dans l'automne, ils cherchent les montagnes les plus élevées pour se soustraire aux piqûres d'un insecte, nommé le Taon de la Laponie, qui, à cette époque, dépose ses œufs entre les tégumens de leur peau et leur donne assez souvent la mort.

Ils ont encore d'autres ennemis parmi lesquels on compte les Ours et les Loups, mais souvent ils se défendent avec avantages contre ces derniers.

L'été ils se nourrissent d'une infinité de plantes, mais l'hiver ils broutent un végétal appelé hépatique des Rennes, qu'ils déterrent adroitement de dessous la neige avec leurs pieds et leurs andouillers.

Il est encore une autre espèce de lichen qui leur procure de quoi subsister au défaut de l'hépatique.

LE CHAMOIS.

Cet animal est à peu près de la grosseur de la Chèvre commune, à laquelle il ressemble sous tous les rapports. Sa tête est ornée de cornes noires, fort grêles et recourbées à leurs pointes, ses yeux sont beaux et représentent la vivacité de son naturel; il a le corps d'un fauve brunâtre. On trouve le Chamois dans les montagnes du Piémont, de la Savoie, de la Suisse, etc. Il choisit les parties les plus délicates des plantes, les feuillages et les petits bouts tendres des arbrisseaux; il rumine comme la Chèvre après avoir mangé. La vue du Chamois est des plus pénétrantes, il n'y a rien de si fin que son odorat; quand le vent souffle un peu et qu'il vient du côté d'un homme à lui, il le sent de plus d'une demi-lieue : les Chiens ne peuvent les suivre dans tous les précipices; ils se jettent du haut en bas au travers d'un rocher qui est à peu près perpendiculaire, de la hauteur de plus de vingt ou trente pieds, sans qu'il y ait la moindre place pour poser et retenir leurs pieds; ils frappent le rocher trois ou quatre fois des pieds en se précipitant, et vont s'arrêter à quelque petite place au-dessous, où ils peuvent à peine se poser. Il paraît, à les voir dans les précipices, qu'ils aient plutôt des ailes que des jambes. La chasse du Chamois est très-pénible et extrêmement difficile; celle qui est le plus en usage est de les tirer en les surprenant à la faveur de quelques éminences.

LE BOUQUETIN.

CET animal, considéré comme la souche dont est provenue la Chèvre commune, a la tête petite et des cornes de deux à quatre pieds de longueur. Ce quadrupède a la barbe longue, le corps ramassé; son poil est d'un gris brunâtre.

On trouve ces animaux sur les Monts-Pyrénées, sur les pics sourcilleux des Alpes, où ils se réunissent en troupeaux, composés de dix à quinze. Il n'y a que les Montagnards qui s'adonnent à cette chasse : deux ou trois chasseurs se réunissent, armés de carabines rayées et pourvus d'havre-sacs remplis de provisions; ils élèvent une misérable hutte de gazon où ils passent la nuit sans feu, et le matin l'entrée en est souvent bloquée par trois ou quatre pieds de neige : lorsqu'ils poursuivent leur proie, ils se trouvent assez ordinairement surpris par l'obscurité, au milieu des ravins et des précipices, et obligés de passer la nuit entière étroitement embrassés pour se soutenir réciproquement et s'empêcher de glisser. Lorsque ces animaux ne peuvent se soustraire aux poursuites du chasseur, ils se précipitent d'eux-mêmes du haut des rochers, et tombent sur leurs cornes de manière à ne pas se blesser.

Le Saïga paraît être la ligne de démarcation de l'espèce des Chèvres à celle des Gazelles qui en sont très-voisines.

LES GAZELLES.

Ce genre d'animaux a beaucoup de rapports avec celui des Chevreuils, et approche encore plus de celui des Chèvres, différant néanmoins de l'un et de l'autre par des caractères qui lui sont propres.

Les variétés des Gazelles paraissent être au nombre de treize réduites à cinq espèces.

En général, les Gazelles ont les yeux noirs, grands, très-vifs et en même temps excessivement tendres : ces animaux sont naturellement doux et timides ; ils vont ordinairement par troupes ou plutôt par familles, c'est-à-dire cinq ou six ensemble. On les chasse, non seulement avec des chiens courans, aidés du Faucon, mais aussi avec la petite Panthère, appelée Once. Dans quelques endroits, on prend les Gazelles sauvages avec des Gazelles apprivoisées, aux cornes desquelles on attache des lacs ou nœuds-coulans.

LA GAZELLE COMMUNE.

Cette Gazelle est celle qui ressemble le plus à notre Chevreuil ; elle a le poil court et fauve, les fesses et le ventre blancs, ses cornes sont entourées d'anneaux qui marquent les années de l'accroissement.

LE MUSC.

Originaire de différentes parties de l'Asie, le Musc se trouve dans toute l'étendue du royaume de Thibet : il vit retiré sur les montagnes les plus élevées et les plus âpres ; il est solitaire toute l'année, excepté dans l'automme. On en voit se réunir de nombreux troupeaux pour changer de place ; c'est au moment de cette migration que les paysans se tiennent en embuscade pour les prendre.

Gazelle.

Chevrotain.

Musc.

Sanve.

Porc épic.

Les Porte-Muscs sont d'un naturel doux et timide, et ils n'ont pour toute arme que deux défenses placées à chaque côté de la mâchoire supérieure : ils sont très-alertes, et marchent si légèrement sur la neige, qu'ils y laissent à peine l'empreinte de leurs pieds; ils se nourrissent de différens végétaux des montagnes.

Ces quadrupèdes ont un réservoir ovale de la grosseur d'un petit œuf, qui contient le parfum appelé Musc; cette bourse est suspendue au milieu de leur ventre. Un Porte-Musc, parvenu à sa pleine croissance, produit un gros et demi de ce parfum, et un vieux, deux gros.

Les chasseurs coupent ce sac et le lient par les deux bouts pour le vendre.

On prétend que, quand on ouvre pour la première fois la poche du Musc, il s'en exhale une si violente odeur, que toutes les personnes présentes sont obligées de se couvrir le nez de linge plié en plusieurs doubles, et que souvent, malgré cette précaution, il sort beaucoup de sang de leur nez.

La Civette, le Zibet et la Genette portent aussi un parfum, mais bien moins fort que celui du Musc; l'Ondatra, le Desman et le Pilori sont des espèces de Rats parfumés.

LE CHEVROTAIN.

Ce charmant petit animal est nommé roi des Cerfs, par les Nègres, qui, trouvant sa chair excellente, le forcent à la course, et le tuent à coups de bâtons. Ses sauts et ses bonds prodigieux rappellent, ainsi que son corps, la légèreté du Cerf, quoiqu'il soit sans comparaison le plus petit de tous les animaux à pieds fourchus. Les os de ses jambes, montés en or ou en argent, servent de cure-dents.

LE PORC-ÉPIC.

Ce quadrupède qui habite l'Inde, la Perse, la Palestine, et qui est fort commun dans toutes les parties de l'Afrique, porte environ deux pieds et demi de long de la tête à l'extrémité de sa queue; son corps est couvert de piquans fort durs et fort pointus, dont quelques-uns ont de neuf à quinze pouces de long. L'animal a la faculté de les dresser ou de les abaisser à volonté. Il établit ordinairement son séjour dans les retraites souterraines, qu'il divise en plusieurs compartimens, en ayant le soin de laisser deux ouvertures, l'une pour entrer et l'autre pour sortir, en cas de nécessité. Il dort pendant le jour, et à l'approche de la nuit il sort pour aller chercher des fruits, des racines et des plantes potagères : au Cap de Bonne-Espérance ils font beaucoup de dégâts dans les jardins; mais comme ils passent toujours par la même ouverture, les habitans ont fréquemment l'occasion de les détruire. Le Porc-Épic n'a nullement le naturel méchant, il n'est jamais agresseur; lorsqu'il est poursuivi, il grimpe sur le premier arbre qui se trouve à sa portée, et y reste jusqu'à ce que son ennemi perde patience à l'attendre : lorsqu'on l'offense ou qu'on l'irrite, il trépigne des pieds, et vient, en s'enflant, présenter ses piquans qu'il hérisse et secoue; quand il rencontre des Serpens, avec lesquels il est toujours en guerre, il se met en boule, cache ses pieds et sa tête, et se roule sur eux, avec ses piquans, jusqu'à ce qu'il leur ait ôté la vie, et cela sans courir le risque d'être blessé.

Dans l'état de captivité, il mange du pain ou des raisins dans la main, et se laisse conduire en lesse. On prétend que la chair des Porcs-Épics est très-délicate, leurs dards sont employés par les Sauvages à différens ornemens.

Le Cœndou n'a de commun avec cet animal que les piquans et quelques-unes de ses habitudes. Il se trouve au Brésil. L'Urson, ainsi que le Castor, se nourrit d'écorces; il a de longs piquans qui abondent sur son dos. Les Sauvages du nord de l'Amérique mangent sa chair et se couvrent de sa peau, après en avoir arraché les piquans qui leur tiennent lieu d'épingles et d'aiguilles.

Le Tanrec et le Cœndou sont la dernière ligne du genre des Porcs-Épics.

LA GIRAFFE.

La Giraffe que nous possédons a été prise dans les environs de Sénaar, en Afrique, par les troupes du Pacha d'Égypte, qui en fit présent au Roi de France. Cet animal rare, et qui n'avait jamais été vu vivant en France, arriva à Paris le 30 juin 1827.

Ce quadrupède est sans contredit le plus beau et le plus curieux que l'Afrique produise. Sa tête est pleine d'expression et de douceur; il la tient naturellement élevée, et elle paraît petite, relativement à la masse de son corps; le museau est mince et presque effilé, on remarque sur la partie supérieure de la tête deux petites cornes droites.

Sa langue qui est longue, mince et noirâtre, lui sert à saisir les feuilles et les alimens dont il se nourrit. Son cou est d'une longueur prodigieuse et n'est point roide, comme l'ont écrit la plupart des naturalistes; cette partie de l'animal est au contraire très-mobile, et tigrée comme le reste du corps : la Giraffe peut manger et boire par terre en écartant les jambes de devant.

Son corps est court et la croupe est plus basse que le garot, ses jambes sont fines. La Giraffe a les pieds larges et les sabots fendus; sa taille peut s'élever jusqu'à 17 pieds, les femelles sont plus petites. Elle marche d'une manière remarquable; dans sa progression, elle avance alternativement les deux jambes droites en même temps, puis les deux jambes gauches.

Lorsqu'elle court, elle s'appuie sur les jambes de devant pour avancer celles de derrière. On dit qu'elle peut faire 6 lieues à l'heure.

Elle se défend avec les pieds de devant, par des ruades qui ne sont pas sans danger pour les animaux qui l'attaquent.

(13
Unau
Girafe
Lama

Cet animal est d'une douceur sans exemple; il souffre tout, il n'attaque jamais les autres animaux. Un enfant peut, avec une petite corde, le conduire où il veut.

La Giraffe est reconnaissante des soins qu'on lui donne. On rapporte qu'un voyageur, en ayant pris une non loin des cataractes du Nil, elle conçut un si grand attachement pour son maître, que celui-ci ayant été tué par des Ethiopiens, elle mourut bientôt de chagrin, malgré tout ce qu'on put faire pour la conserver.

LE LAMA.

Cet animal est amené à l'état de domesticité, au Pérou, au Chili et au Mexique, comme les Chevaux parmi nous, et les Chameaux dans l'Arabie. Ils y sont très-communs et font seuls toute la richesse des Indiens, et contribuent beaucoup à celle des Espagnols; leur poil est une laine fine d'un excellent usage : pendant toute leur vie, ils servent constamment à transporter les denrées du pays. Le Lama, si utile, ne coûte ni entretien, ni nourriture; l'herbe verte qu'il broute lui suffit. La laine épaisse dont il est couvert dispense de le bâter. Ses pieds sont fourchus comme ceux des bœufs, mais ils sont surmontés en arrière d'une espèce d'éperon qui met cet animal à même de se soutenir dans des descentes rapides du pays. Si on l'excède de fatigue, il se couche, et si on le tourmente trop en cet état, il se tue de désespoir, en frappant la terre de sa tête, et ne se venge de son cruel maître qu'en lui crachant au visage une espèce de salive très-abondante chez cet animal.

On chasse les Lamas sauvages pour en avoir la toison. Les Chiens ont beaucoup de peine à les suivre, et si on leur donne le temps de gagner leurs rochers, le Chasseur et les Chiens sont contraints de les abandonner.

La Vigogne a beaucoup de ressemblance avec le Lama, mais elle est beaucoup plus petite et d'une forme plus légère. La laine très-fine de la Vigogne est la seule cause de la guerre qu'on lui fait.

L'UNAU.

L'Unau est une fois plus long, mais de la même grosseur que l'Aï; il a le poil long, épais et blanchâtre, il n'a que deux ongles formant le crochet aux pieds de devant : cette conformation qui cause la contrainte de son allure, lui a fait donner le nom de paresseux. Il paraît s'animer davantage au déclin du jour et dans la nuit. La situation la plus naturelle de cet animal est de se suspendre à des branches, le corps renversé en bas; c'est ainsi que, par le moyen de ses crochets, il peut marcher d'arbre en arbre, avec assez de vitesse; il dort même dans cette position, les quatre pattes accrochées et réunies sur un même point.

LA GERBOISE.

On connaît quatre espèces bien différentes dans ce genre : 1° la Gerboise, proprement dite; 2° le Tarsier; 3° la Gerboise, ou Lièvre sauteur du Cap; 4° le Kanguroo.

La Gerboise est de la taille d'un Rat de moyenne grandeur; elle a la tête faite à

Tamanoir

Tatou

Gerboise

Pangolin

Mangouste

Sarigue

peu près comme celle du Lapin; les pattes de derrière très-longues, en raison de celles de devant; la queue trois fois plus longue que le corps, et de couleur roussâtre comme le dos et le dessus de la tête. Ces petits animaux marchent en sautant et en s'appuyant uniquement sur l'extrémité des pieds de derrière: ils cachent souvent leurs pieds de devant dans leur poil; si on les épouvante, ils sautent 7 à 8 pieds de distance. Lorsqu'il leur faut descendre dans un creux, ils traînent leurs jambes de derrière sans s'en servir. La Gerboise n'est pas farouche; elle se nourrit de grains, d'herbes, et se creuse un terrier comme le Lapin.

LE TAMANOIR.

C'est le plus grand des Fourmilliers; il se nourrit, comme eux, de fourmis qu'il ne peut attraper qu'en allongeant la langue sur la terre, aux endroits où elles passent, et la retirant quand elle en est à peu près couverte. Le Tamanoir à marche lente est assez fort pour se défendre d'un gros Chien, et même d'un Jaguar; lorsqu'il en est attaqué, il se bat d'abord debout et se défend avec ses mains, dont les ongles sont tous meurtriers, ensuite il se couche sur le dos pour se servir des pieds comme des mains, et dans cette situation il est invincible, et ne lâche son ennemi que long-temps après l'avoir mis à mort. Le Tamanoir est long de 4 pieds à peu près, le Tamandua de 18 pouces, et le Fourmillier n'est que de 6 ou 7 pouces.

Ces trois animaux à gueule ronde et longue, sans aucune dent, sont originaires du Brésil.

LE PANGOLIN.

Le Pangolin et le Phatagin, comme le Fourmillier, vivent de fourmis et d'insectes ; leurs écailles sont rangées comme des feuilles d'artichaut, ils ne craignent pas l'animal le plus terrible, ils se pelotonnent à l'approche de l'ennemi, et lui présentent des armes si fortes et si tranchantes, qu'il est obligé de renoncer à sa proie. Ces animaux sont doux et timides, on les trouve aux Indes orientales et en Afrique. Le Pangolin a environ 8 pieds de longueur, y compris la queue qui en a quatre. Le Phatagin est presque de moitié plus petit, mais il a la queue plus longue.

LES TATOUS.

Ces animaux, que les voyageurs ont appelés Armadilles, sont couverts d'une cuirasse semblabe à celle des Tortues, excepté cependant qu'elle est divisée dans la largeur en plusieurs cercles séparés par des membranes étroites qui leur donnent un peu de jeu.

Les Tatous sont des animaux innocens et frugivores; leurs griffes, qui sont très-aiguës, les mettent à même de creuser un terrier en un instant : les uns et les autres se mettent en boule, mais ne sont pas invulnérables, comme les Pangolins, parce que leur ennemi peut les saisir au défaut de la cuirasse ; on prétend même que lorsqu'ils sont attaqués près d'un précipice, ils s'élancent au fond sans se faire de mal. Il y a plusieurs espèces de Tatous.

LE SARIGUE.

Deux caractères distinguent le Sarigue des autres quadrupèdes; à chaque pied de derrière, le pouce est sans ongle et séparé des autres doigts. Mais ce qui est plus remarquable dans cet animal, c'est la poche que la femelle a sous le ventre, et dans laquelle les petits ont si bien l'habitude de se cacher, qu'ils s'y réfugient, quoique grands, lorsqu'ils sont épouvantés. Le Sarigue a environ 18 pouces de longueur sans la queue : on le trouve au Brésil.

LA MANGOUSTE.

Cet animal, que l'on nomme le Rat de Pharaon, est domestique en Egypte ; il fait la guerre non seulement aux Rats et aux Souris, mais à tous les autres animaux : il est insatiable de carnage ; cette horrible avidité, attribut des Fouines, le rend essentiel à notre espèce, et à beaucoup d'autres, par le service qu'il rend en détruisant, avant leur naissance, un grand nombre de Crocodiles : il mange les œufs d'où ils seraient sortis, attaque même les Crocodiles nouvellement éclos, et les dévore.

LE MOCOCO.

Le Mococo, du genre des Makis, est un joli animal : quoiqu'ayant les jambes de derrière plus hautes que celles de devant, il est moins carnassier que frugivore, et s'apprivoise aisément ; il est originaire de l'Afrique orientale.

LES SINGES.

Les Singes forment une grande peuplade divisée en plusieurs familles d'animaux quadrumanes. Le nom indien d'Orang-Outang, ou d'Homme sauvage, donné au Pungo et au Jocko, indique que ce sont les Singes qui ont avec l'Homme le plus de rapports physiques.

Ils ont une grande force de corps, se tiennent volontiers sur leurs pieds de derrière, marchent ainsi, quoique la longueur de leurs doigts leur donne quelque peine à poser le talon. Ils savent s'appuyer sur un bâton, et même s'en servir pour se défendre : leur démarche est grave, leur naturel doux ; ils paraissent avoir un grand attachement les uns pour les autres, et se construisent des cabanes. Quand les fruits leur manquent, ils vont à la mer prendre des coquillages, et profitent de l'instant où les Huîtres s'ouvrent pour y jeter des cailloux qui les empêchent de se refermer.

Le Pungo, qui a plus de six pieds de haut, ne se laisse pas facilement approcher. Le Jocko est beaucoup plus petit et plus doux : pris jeunes, ces animaux s'apprivoisent très-bien : on en a vu s'asseoir à table et y manger aussi adroitement qu'un Homme, se verser à boire, présenter la main à ceux qu'ils voulaient reconduire, faire leur lit, s'y coucher la tête sur l'oreiller, se faire saigner et traiter lorsqu'ils étaient malades.

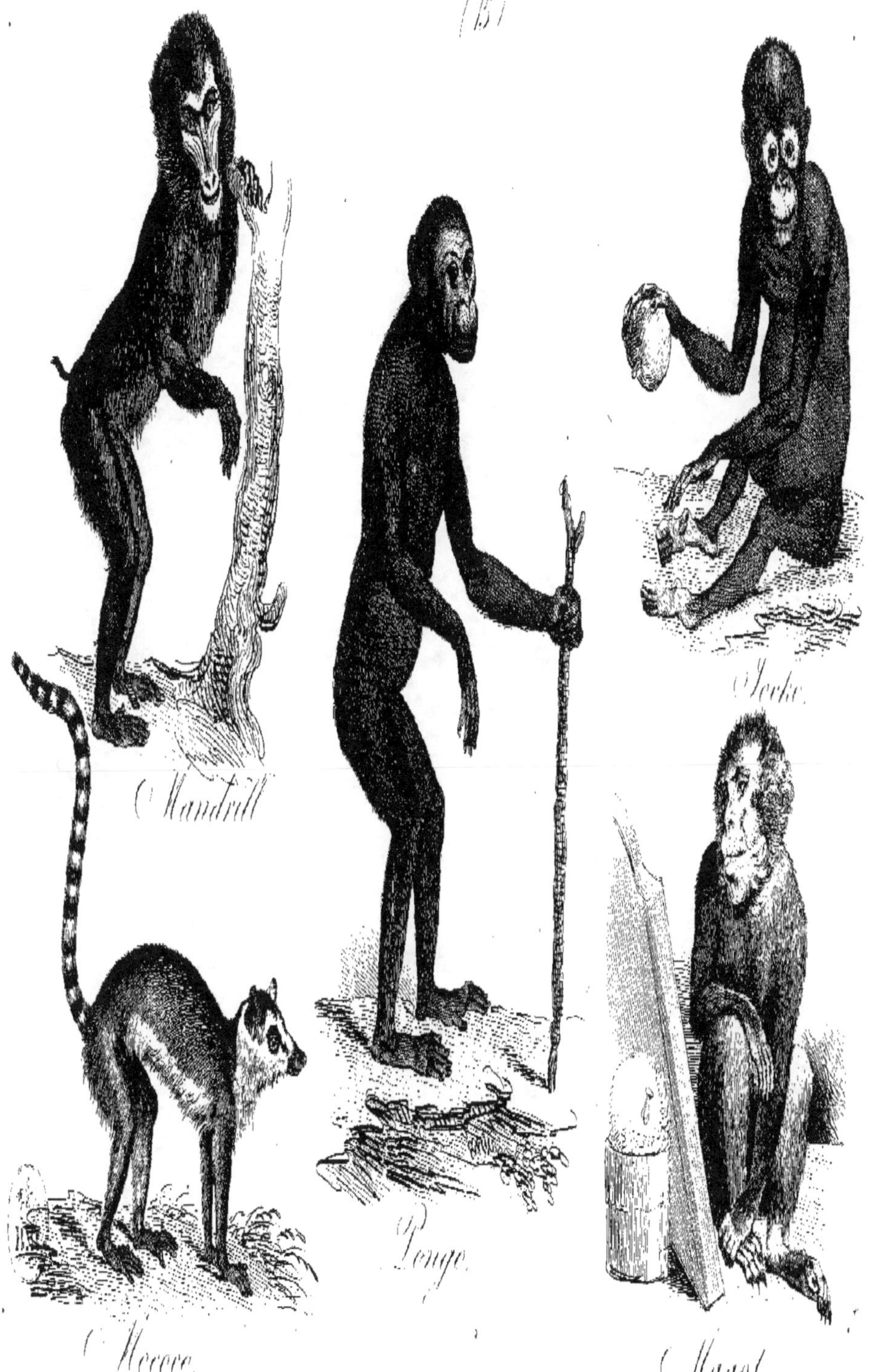
15
Mandrill
Macoco
Jongo
Jocko
Magot

Parmi les différentes espèces de Singes, on remarque le Magot, animal indocile et toujours grimaçant ; le Mandrille à face bleue, sillonnée de rouge ; les Papions, animaux intraitables, qui pillent les jardins dont ils emportent les fruits et les légumes en se les jetant de main en main ; les Guenons, plus petites que les Babouins ; et les Sapajous et Sagouins à queue prenante.

Ces animaux ont tous la fureur d'imiter ce qu'ils voient faire : les Indiens en profitent pour recueillir le poivre et le coco. On profite aussi de leur instinct imitateur pour les prendre : les Nègres se frottent devant eux la figure d'eau qu'ils ont dans des coupes et en laissent d'autres pleines de glu ; ces Singes, en imitant ce qu'ils ont vu faire, s'aveuglent et se mettent dans l'impossibilité de se sauver. On les prend de même en mettant et ôtant devant eux des bottes, et en en laissant d'autres petites pleines de glu. Enfin il est peu de personnes qui ne connaissent leurs singeries. Le P. Caubasson fut suivi un jour à l'église par un Singe qu'il avait apprivoisé : cet animal étant monté en silence sur le dais de la chaire à prêcher, s'y tint parfaitement tranquille, jusqu'à ce que le prône commençât ; il s'avança alors sur le devant du dais, et se mettant à examiner les gestes du prédicateur, les imita d'une manière si comique que tout l'auditoire ne put retenir les éclats de rire. Dans la plupart des contrées de l'Inde, les naturels érigent des temples magnifiques en l'honneur des Singes, objet de leur culte.

LES PHOQUES.

Ces amphibies mettent bas sur terre et allaitent leurs petits; ils vivent en société, semblent s'entendre, et, comme l'Homme, se nourrissent d'herbes, de viande et de poisson; ils ont des espéces de mains fort courtes, dont ils se servent avec adresse; enfin leur conformation les rend de véritables quadrupèdes dont les parties postérieures, engagées dans une peau lisse, ne laissent aux pieds que l'apparence de grandes nageoires. Le Phoque commun, dont l'espèce se retrouve sous le nom de Veau Marin, Chien Marin, Loup Marin, dans presque toutes les mers, a sans doute donné naissance, dans la fable, aux Tritons et aux Syrènes. Le Phoque à museau ridé est le plus grand, on peut tirer d'un seul 500 pintes d'huile. Les Kamtschasdales se font une gloire de poursuivre les Lions Marins au milieu des mers, et de les faire périr à coups de pierres et de flèches; ces Phoques à crinière se donnent entr'eux de sanglans combats, et souvent pour la possession d'une pierre choisie pour s'y reposer. L'Ours Marin est le plus répandu des Phoques à oreilles externes. Le Morse est séparé du genre nombreux des Phoques par ses défenses, elles sont d'un ivoire plus dur et plus compact que celles de l'Eléphant. Le Lamantin ressemble presque entièrement aux Phoques, mais il n'est amphibie que par la manière de respirer, ne venant pas plus à terre que les Cétacées, dont il se rapproche par l'entière réunion des parties postérieures; c'est l'habitant des eaux dont les mains sont le mieux conformées. La manière dont les femelles tiennent et allaitent leurs petits est remarquable; on assure que les Lamantins, tendrement attachés à leur famille, ont des inclinations très-sociales, et semblent rechercher la compagnie de l'Homme.

L'ORNITHORYNQUE.

Cet animal est couvert d'un poil brun, ayant un bec plat, les pattes antérieures à membrane ressemblant à peu près aux ailes des chauves-souris; les postérieures, dans les mâles, sont armées d'un ergot: il habite les marais de la Nouvelle-Hollande, il fait parmi les touffes de roseaux son nid, qu'il forme de racines, et y dépose ses œufs, qu'il couve et fait éclore comme les Oiseaux; lorsqu'il plonge sous l'eau, il y reste peu de temps, et parcourt les rives en marchant ou plutôt en rampant avec assez de vitesse. La longueur de cet animal est de dix-huit pouces.

FIN.

Phoque à museau ride
Phoque commun
Ours marin
Lyon marin
Grand Lamantin du Kamtschaka
Morse